Touren | 120

Preisangaben Hotels

€ = bis 70 Euro
€€ = bis 140 Euro
€€€ = über 140 Euro
Die Preisangaben beziehen sich, soweit nicht anders beschrieben, auf das günstigste Doppelzimmer mit Frühstück in der Hauptsaison.

Abkürzungen

FeWo	Ferienwohnung
FeHaus	Ferienhaus
App.	Appartement
☺	Familientipp
★	Highlight der Region
tipp	via tipp

Kartensymbole

- Touristeninformation
- Sehenswürdigkeit
- Besonderes Gebäude
- Strand
- Aussichtspunkt
- Kirche
- Parkplatz
- Geldinstitut, Bank
- Tankstelle
- Haltestelle
- Leuchtturm
- Hafen

Fischland-Darß-Zingst erleben

Willkommen auf „dem Darß“

Wer viel ursprüngliche Natur, pittoreske Dörfer, lange Strände auf der einen, abgeschiedene Boddenidylle auf der anderen Seite sucht, der ist auf Fischland-Darß-Zingst richtig. Weil der Dreifachname etwas umständlich ist, spricht man oft vom „Darß“, auch wenn die ganze Halbinsel gemeint ist.

Dabei bezeichnet „Darß“ eigentlich nur den mittleren, größten Teil. Wie immer man es damit halten mag – die Reise lohnt sich auf jeden Fall, denn die Halbinsel ist ein Naturidyll ganz besonderer Art. Durch die Lage zwischen Meer und (Salzwasser-)Bodden fühlt man sich schnell wie auf einer richtigen kleinen Insel.

Einmal angekommen, kann man übrigens sein Auto stehen lassen und sollte Fischland, Darß und Zingst mit dem Rad oder zu Fuß erkunden. Gut ausgebaute Routen laden dazu ein. Auf diese Weise lässt sich zum Beispiel die vielfältige Waldvegetation des Darßwaldes entdecken: Sumpfgebiete, Fichten, Lärchen, Roterlen und bizarr geformte Weidbuchen. Oder man wandert zum naturbelassenen Weststrand, an dem man sich (fast) wie Robinson fühlen kann.

Was es lange nicht gab auf Fischland, Darß und Zingst: mondäne Seebäder mit schicken Promenaden und ausgiebigem Nachtleben – aber die Ostseebäder Zingst und Ahrenshoop haben hier mittlerweile aufgeholt.

Das Künstlerdorf Ahrenshoop zählt inzwischen zu den exklusivsten Zielen an der deutschen Ostseeküste. Entsprechend nobel sind manche Unterkünfte im Ortszentrum. Doch gleich nebenan, am Althäger Boddenhafen, isst man den Fisch wie eh und je im rustikalen Räucherhaus.

Zingst, der größte Ort der Halbinsel, hat sich zum lebhaften und schicken Seebad gemausert. Etliche, auch höherpreisige, Hotels und Ferienwohnungen sind entstanden. Doch gleich westlich des Ortes beginnt der eigentliche Zingst – ein geschütztes Naturparadies zwischen Ostsee und Bodden.

Mit traumhaften, familienfreundlichen Stränden punkten die Seebäder Prerow und Dierhagen. Das alte Fischer- und Seefahrerdorf Wustrow hat mit seinen Kapitänshäusern und dem Ortsteil Barnstorf am Bodden seinen ganz eigenen Charme. Die Boddendörfer Born und Wieck haben sich bis heute ihre Abgeschiedenheit bewahrt, obwohl auch dort neue Ferienhäuser entstanden sind.

Etwas verträumt wirken die beiden Städtchen Ribnitz-Damgarten und Barth auf dem Festland. Beide haben renovierte Altstadtkerne und sind sowohl auf dem Wasser- wie auf dem Landweg vom Darß gut zu erreichen. Viel Natur gibt es auch rund um das Seebad Graal-Müritz. Der Ort grenzt direkt an die Rostocker Heide, in der neben der artenreichen Flora und Fauna verschiedene Weiler auf ihre Entdeckung warten.

Strandkörbe in Wustrow

Geografie

Kilometerlange Sandstrände, schroffe Steilküsten, schilfumkränzte Boddenbuchten, weite Wiesen und dichter Wald: Die Halbinsel Fischland-Darß-Zingst ist ein Naturidyll. Eingebettet in die Landschaft zwischen Meer und Bodden liegen schöne Seebäder und schmucke Fischerdörfer.

Fischland-Darß-Zingst erstreckt sich über eine Länge von 60 Kilometern vor der Küste zwischen Ribnitz-Damgarten im Westen und dem „Grabow" genannten Bodden im Osten. Stellenweise ist die Halbinsel nur einen halben Kilometer breit. Ursprünglich waren Fischland, Darß und Zingst eiszeitliche Inselkerne, die durch Verlandung zusammenwuchsen. Hieraus erklärt sich auch der Dreifachname (▸ Seite 10).

Von der Eiszeit geprägt und unablässig Wind und Meer ausgesetzt, findet sich auf Fischland-Darß-Zingst eine der vielseitigsten Küstenlandschaften Deutschlands. Die schmale Landzunge bietet eine einmalige Mischung aus Flach- und Steilufern, Stränden und Dünen, Buchten, Nehrungen, Wäldern und Wiesen. Die flachen Boddengewässer säumen dichte Schilfgürtel, in denen seltene Vogelarten zahlreich Schutz finden.

Auf den vorgelagerten Inseln und Salzgraswiesen findet alljährlich im Frühjahr und Herbst ein Naturschauspiel der besonderen Art statt: Rund 45 000 Kraniche und viele andere Zugvögel machen dann auf ihrem Flug nach Süden oder Norden hier Rast. Damit dieses Naturschauspiel in seiner Ursprünglichkeit erhalten bleibt, wurde 1990 der Nationalpark Vorpommersche Boddenlandschaft eingerichtet (▸ Seite 14). Im Nationalpark dürfen bestimmte Flächen nicht betreten werden. (Naturbeobachtungs-)Orte wie der Zingster Pramort sind nur zu Fuß oder mit dem Fahrrad zu erreichen.

Neben dieser ursprünglichen Natur bieten 60 Kilometer lange, weiße Sandstrände viel Platz für Sonnen- und Badehungrige. Da die Strände flach abfallen, sind sie ideal für Kinder. Die ruhigeren, knapp 200 Quadratkilometer großen Boddengewässer bieten beste Voraussetzungen für Segeln, Tauchen und Surfen.

Viele Jahrhunderte waren Fischland, Darß und Zingst Heimat von Fischern und Seefahrern. Bis heute prägen reetgedeckte Fischerkaten, die meist in satten, bunten Farben gestrichen sind, sowie Kapitänshäuser mit bunt bemalten Türen die Orte.

Ende des 19. Jahrhunderts entdeckten Künstler den malerischen Küstenabschnitt. Kurz darauf kamen auch die ersten Badegäste. Der Badetourismus entwickelte sich seitdem zur wirtschaftlich wichtigsten Einnahmequelle für die Region. Das ist bis heute so geblieben. Trotzdem ist Fischland-Darß-Zingst ein Ziel für naturnahe Ferien. Neben Badegästen und Wassersportlern kommen besonders Wanderer und Radfahrer auf dem gut ausgebauten Wegenetz auf ihre Kosten. Einer der eindrucksvollsten Abschnitte des gesamten Ostseeküsten-Fernradwegs läuft über die Halbinsel.

Eine Besonderheit der Region sind die Zeesenboote: Ursprünglich für den Fischfang in den flachen Boddengewässern gebaut, schippern die majestätischen Holzboote mit ihren rostbraunen Segeln heute vor allem Besucher durch die idyllische Boddenlandschaft (▸ Seite 22).

Hohes Ufer bei Ahrenshoop

Die Entstehung der Halbinsel

Die Insellandschaft Fischland-Darß-Zingst begann sich vor etwa 10 000 Jahren zu formen, als die gewaltigen Gletscher der letzten großen Eiszeit abschmolzen. Beim Abtauen lagerten die Eismassen Geröll und Gesteinsblöcke ab und bildeten Abflussrinnen wie das Recknitztal südlich von Ribnitz-Damgarten. Zurück blieb eine abwechslungsreiche Landschaft, durchzogen von Grund- und Endmoränen. Später stieg der Meeresspiegel, überflutete die Küstengebiete und ließ Erhebungen zu Inselkernen werden: Zu diesen zählten im Westen die Moräneninsel **Hohes Fischland,** im Osten der **Altdarß** sowie die flachen Inseln **West- und Ostzingst.**

Fischland lag zu dieser Zeit noch doppelt so hoch über dem Meeresspiegel wie heute. Doch an seiner Außenküste wirkte die Kraft von Wind und Wasser. Sand, Ton und Kies von Strand und Steilufer wurden im Lauf der Jahrtausende abgetragen, wanderten mit der Strömung entlang des Ufers und lagerten sich schließlich an den nordöstlichen Rändern als Sandbänke und Sandhaken wie-

Blick auf die Darßer Nordspitze: Darßer Ort mit Leuchtturm – in der Ferne das Fischland

der an. Innerhalb vieler Jahrhunderte verlandeten die Durchlässe zwischen den Inseln und aus **Fischland** und **Darß** wurde im 15. Jahrhundert eine Halbinsel. Die Insel **Zingst,** durch die Mündung des Prerowstroms noch abgetrennt, kam erst 1872 durch Sandlawinen infolge eines Sturmhochwassers hinzu. Der Bereich zwischen den Inselkernen und der eigentlichen Festlandküste wurde so fast völlig vom offenen Meer abgeschnitten – die **Bodden** entstanden.

Heute sind die Außenküsten von Fischland, Darß und Zingst vollständig zusammengewachsen. Doch die Küstenlandschaft verändert sich weiter. So verliert das Fischland jedes Jahr durch Abtragungsvorgänge einen halben Meter seiner Küste. Ohne Küstenschutz in Form von Buhnen, Steinwällen und Deichen oder der Bepflanzung der Stranddünen mit Strandhafer wären die schmalen Stellen der Nehrungen zwischen Dierhagen und Wustrow sowie zwischen Ahrenshoop und dem Altdarß längst durchbrochen. Im Gegenzug zum Landverlust wächst die Dünenlandschaft zwischen Darßer Ort und Prerow durch Sandanlandung jährlich um etwa zehn Meter (▸ Seite 62). Das östliche Ende von Zingst bestimmen Sandhaken: ein einmaliges Schauspiel von Werden, Wachsen und Vergehen.

Pflanzen & Tiere

Fischland-Darß-Zingst, das abwechslungsreiche Land zwischen Meer und Bodden, zählt zu den wenigen urwüchsigen Naturlandschaften Mitteleuropas: Auf engstem Raum findet sich hier die gesamte Vielfalt der Flora und Fauna des südlichen Ostseeraumes.

So säumen die Halbinsel im Westen Steilufer und flache Strände, die im Norden in mächtige Sanddünen übergehen. Den Süden prägen schilfumkränzte Boddenbuchten mit vorgelagerten Salzgrasinseln, dazwischen liegen Wälder, Moore, Heiden und Wiesen. Im Herzen der Halbinsel erhebt sich der 50 Quadratkilometer große Darßwald, der einschließlich großer Teile der Boddengewässer seit 1990 zum Nationalpark Vorpommersche Boddenlandschaft (▸ Seite 14) gehört. In ihm haben viele Tiere ihre Heimat, die in anderen Regionen ausgestorben sind oder äußerst selten vorkommen: Seeadler, Schwarzstorch, Fischotter und Hermelin, Schlingnatter und Kreuzotter, um nur einige von ihnen zu nennen. Die Meeressäuger der Ostsee wie Robben und Seehunde können mit Glück und Schweinswale mit äußerst viel Glück gesichtet werden.

In den Mischwäldern sind ca. 20 Baumarten heimisch. Eine Besonderheit ist die an feuchteren Stellen vorkommende Stechpalme (Ilex). Hier wachsen auch viele Orchideenarten wie Frauenschuh und Purpurknabenkraut, die genauso geschützt sind wie der seltene Sonnentau in sumpfigen Gegenden. Dort, wo Wald und Dünen ineinander übergehen, wachsen Strandhafer und Strandnelke, zudem die vom Aussterben bedrohten Pflanzen Meerkohl und Stranddistel.

Das landschaftliche Highlight aber ist der an den Darßwald angrenzende urwüchsige Weststrand (▸ Seite 81). Der weiße Sandstreifen ist durch Einflüsse von Stürmen und Brandung geprägt. Eindrucksvoll sind die auf den Dünen thronenden windschiefen Rotbuchen, auch Windflüchter genannt, denen raue Westwinde zu ihrer Form verholfen haben.

Eine weitere Besonderheit stellen die Sundischen Wiesen, die Werderinseln und das Windwatt im Ostteil des Zingst dar. Die charakteristischen Wattflächen und Salzwiesen sind ein idealer Lebensraum für Salzpflanzen sowie Wasser- und Watvogelarten. Im Frühjahr und Herbst bietet sich ein faszinierendes Schauspiel, wenn zehntausende Kraniche auf ihrer Zugroute hier einen Schlafplatz finden (▸ Seite 137).

Die Vogelschutzinseln Kirr und Oie im Barther Bodden bilden den Lebensraum für Brutvögel der Salzwiese wie Zwergmöwe, Uferschnepfe, Kampfläufer, Löffelente oder Säbelschnäbler. In den breiten Röhrichten am Ufer (ein Röhricht ist ein Biotop, das bestimmte Arten von Flachwasser- und Uferpflanzen beherbergt) brüten viele versteckt lebende Vögel wie Rohrsänger und Rohrweihe.

In den angrenzenden flachen, von der Ostsee abgetrennten Boddengewässern leben über 40 verschiedene Fischarten. Zu ihrem Schutz ist der Fang heute nur noch in festgelegten Zonen mit traditionellen Stellnetzen und Reusen gestattet.

Sanddorn: Die Zitrone des Nordens

Der dornige Strauch mit den orangeroten Früchten wächst vielerorts auf dem sandigen Boden am Rand der Ostseedünen. Dank des hohen Vitamin-C-Anteils wird Sanddorn auch als „Zitrone des Nordens" bezeichnet. Allerdings enthalten Sanddornbeeren bis zu viermal soviel Vitamin C wie Zitronen. Den Sanddornfrüchten wird eine gesundheitsfördernde und schützende Wirkung zugeschrieben: So sollen sie unter anderem entzündungshemmend wirken und den Cholesterinspiegel senken. Der Strauch blüht von März bis Mai. Die Ernte, das so genannte Melken, bei dem der Saft durch ein mühseliges Verfahren direkt am Strauch gepresst wird, erfolgt im Herbst. Aus der Vitaminbombe werden Säfte, Nektar, Tee, Marmeladen und sogar Hochprozentiges zubereitet. Der herbe und leicht säuerliche Geschmack ist allerdings gewöhnungsbedürftig.

Nationalpark Vorpommersche Boddenlandschaft

Der 1990 noch von der DDR-Regierung eingerichtete Nationalpark Vorpommersche Boddenlandschaft ist mit einer Fläche von 805 Quadratkilometern der **größte Ostsee-Nationalpark.** Er umfasst ausgedehnte Flachwasser- und Küstenbereiche zwischen Darß, Zingst, Hiddensee und der Westküste von Rügen.

Der größte Teil besteht aus einer Wasserfläche von 651 Quadratkilometern. Landflächen nehmen im Vergleich nur einen geringen Anteil von 118 Quadratkilometern ein. Dazu kommen viele landschaftliche Besonderheiten wie Windwatte, Küstenüberflutungsmoore und Salzwiesen, stellenweise säumen breite Brackwasserröhrichte die Boddenufer. Sandhaken, Dünen und Strandwälle sowie der sichtbar auf einer Strandwalllandschaft entstandene **Darßwald** gehören zu den verschiedenen Ökosystemen, die ideale Lebensräume für unzählige Tiere und Pflanzen sind. So hat der Nationalpark neben seiner einzigartigen Vegetation auch als **Vogelschutzgebiet** große Bedeutung. Bemerkenswert ist die zunehmende Zahl an Seehunden, Robben und Schweinswalen.

Fischdieb im Anflug

Teile des Darßer Strandes werden besonders geschützt

Die Erhaltung, Pflege und Wiederherstellung der Leistungsfähigkeit des Naturhaushaltes – und diese dem Menschen erlebbar zu machen – gehören zum Anliegen der Schutzmaßnahme. Dazu wurde der Nationalpark in zwei Schutzklassen untergliedert. Gebiete, die schon heute einen naturnahen Zustand aufweisen, wurden als **Schutzzone I,** so genannte **Kernzonen,** ausgewiesen – alle anderen vorerst als **Schutzzone II.** Während die Kernzonen vollständig den Launen der Natur überlassen werden, soll in den anderen Gebieten durch naturverträgliche Wirtschaftsweisen langfristig die natürliche Entwicklung der Landschaften gefördert oder durch spezielle Pflegeformen in ihrem jetzigen Zustand erhalten bleiben. In der Schutzzone I dürfen die ausgewiesenen Wege nicht verlassen werden. Hunde müssen übrigens im gesamten Nationalpark an die Leine, damit seltene Tiere nicht aufgeschreckt werden.

Die Nationalparkverwaltung befindet sich in Born. Die **Informationszentren** in Born, in Wieck (Darßer Arche), der Sundischen Wiese sowie das Natureum am Leuchtturm Darßer Ort veranschaulichen die naturkundlichen Besonderheiten und bieten öffentliche Führungen an. Zudem hat die Nationalparkverwaltung viele Kilometer ausgeschilderte Rad- und Wanderwege eingerichtet sowie Besucherplattformen, die dazu einladen, die Naturbesonderheiten ganz intensiv zu erleben.

Geschichte

Um 5000 v. Chr.

Der Meeresspiegel steigt durch das Abschmelzen des skandinavischen Festlandgletschers. Die Grundmoränenlandschaft wird überflutet, aus Erhebungen entstehen die Inselkerne Fischland, Darß und Zingst.

Um 4000 v. Chr.

Jäger und Sammler der mittleren Steinzeit ziehen in der Gegend um Dierhagen, Fischland und Altdarß umher. Das belegen viele Beile, Pfeilspitzen und andere Feuersteinwerkzeuge, die dort gefunden wurden.

Um 3500 v. Chr.

Zahlreiche Funde aus der Jungsteinzeit zeigen, dass der eiszeitliche Kern des Fischlandes um den heutigen Ort Wustrow schon früh durch germanische Stämme besiedelt war, vermutlich als einziger Ort der gesamten Halbinsel.

375–800 n. Chr.

Die germanischen Stämme verlassen in der Zeit der Völkerwanderung das Land und ziehen in Richtung Süden. Slawische Stämme (Obotriten, Ranen und Wilzen) besiedeln die dünn besiedelte Region. Aus dieser Zeit datieren zahlreiche Wall- und Burganlagen, die teils noch rudimentär vorhanden sind wie die Hertesburg bei Prerow. Auch die Ortsnamen wie Wustrow, Prerow, Zingst, Ribnitz sind slawischen Ursprungs.

9. bis 12. Jh.

Heinrich der Löwe unterwirft im 12. Jahrhundert die Obotritenfürsten und erobert damit Mecklenburg. So beginnen die deutsche Besiedlung und Christianisierung des Fischlands und des Recknitztals.

Waldemar von Dänemark zerstört 1168 die slawische Tempelburg bei Arkona auf der Insel Rügen und überlässt die Herrschaft über Darß, Zingst und das Barther Land den Slawen unter seiner Oberhoheit.

13. Jh.

Mit der Festigung der deutschen Herrschaft setzt die Einwanderung deutscher Siedler ein. Neben den slawischen Orten werden deutsche Siedlungen gebaut. Barth, Damgarten, Ribnitz und Marlow entstehen als Burgsiedlungen mit Märkten und großen, trutzigen Kirchen als Ausdruck neuer Macht und neuen Glaubens in der Zeit um 1250.

1292

Zisterziensermönche kaufen von Wizlaw II. von Rügen die Insel Zingst. Sie entwässern und roden die Insel, um anschließend Ackerhöfe zu errichten. Die Erschließung zieht Siedler nach, in Prerow wird nach 1296 die erste Kirche gebaut.

1325

Nach dem Tod von Wizlaw II. gehen die Ländereien von Barth, Darß und Zingst in den Besitz des Wolgaster

Pommernherzogs. Dessen Erbstreitigkeiten mit dem Mecklenburger Fürstenhaus führen zu den Rügenschen Erbfolgekriegen. Als deren Ergebnis erhalten die Mecklenburger den Darß und Zingst.

14. Jh.

Mit Beginn des 14. Jahrhunderts bestimmen Handel, Seefahrt und damit auch Piraterie die Entwicklung. So setzt das mecklenburgische Herzoghaus bei den Stadträten von Rostock und Wismar trotz ihrer Zugehörigkeit zur Hanse durch, dass sie Kaperbriefe auf skandinavische Schiffe erlassen. Damit wird Piraterie legalisiert. Seeräuber nutzen die Bodden der Inseln als Unterschlupf, verkaufen in Ribnitz die erbeuteten Schätze und versorgen sich dort mit Proviant. Doch die Hanse rächt sich bitterlich: 1392 schlägt eine Stralsunder Flotte in der Ribnitzer See die adligen Piraten und richtet sie mitsamt ihren Mannschaften hin. Die Stadt Ribnitz wird bestraft, indem die Wasserläufe Permin (1394) und Loop (1400) verschlossen werden und so die Stadt ihre Seezugänge verliert.

Ab 1520

In Mecklenburg und Pommern verbreitet sich die lutherische Lehre. 1534 wird für Pommern und 1549 für ganz Mecklenburg der protestantische Glaube als Landesreligion eingeführt.

17. Jh.

Während des Dreißigjährigen Krieges (1618–1648) werden Städte und Dör-

Stadtplan von Zingst um 1900

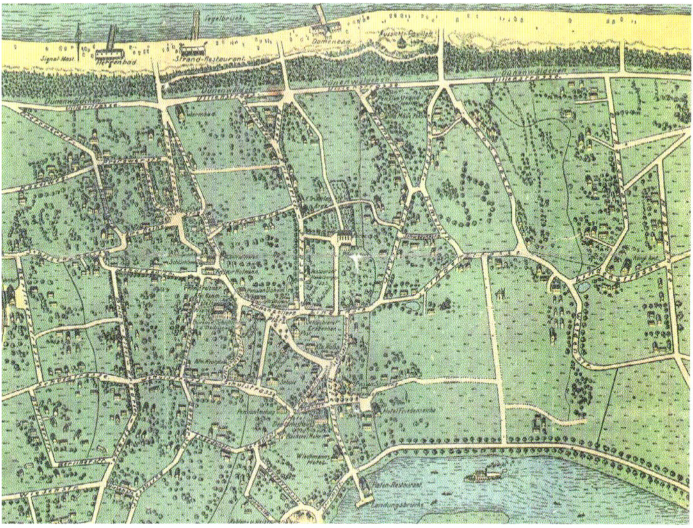

fer verwüstet, die Zahl der Bewohner sinkt um ein Drittel. Im Windschatten des Krieges wüten Pest und Hungersnot.

1648–1815

Als Ergebnis des Westfälischen Friedens wird Vorpommern schwedisch. Die Halbinsel steht somit bis zur mecklenburgischen Grenze südlich von Ahrenshoop unter schwedischer Herrschaft. Mit der schwedischen Verwaltung setzt sich die Leibeigenschaft durch.

Ribnitz und das Fischland kommen 1669 in den Besitz der mecklenburgischen Herzöge.

18./19. Jh.

Die Segelschifffahrt entwickelt sich zum Haupterwerbszweig der Bewohner. Werften entstehen und bringen der Region einiges an Geld ein. So werden zum Beispiel in Prerow 1783 neben 2027 Leibeigenen auch 836 Freie gezählt – ein Ausdruck von relativem Wohlstand. Aus den vorher auf Landwirtschaft und Fischerei beschränkten Orten werden wohlhabende Schiffersiedlungen, was an den Kirchen und den Kapitänshäusern besonders in Wustrow und Born auch heute noch zu sehen ist.

Zingst-Werbung (19. Jahrhundert)

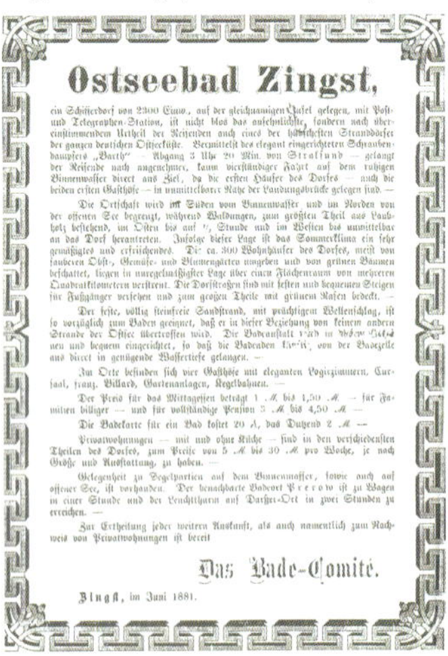

Ostseebad Zingst,

ein Schifferdorf von 2300 Einw., auf der gleichnamigen Insel gelegen, mit Post- und Telegraphen-Station, ist nicht blos das ansehnlichste, sondern nach übereinstimmendem Urtheil der Reisenden auch eines der hübschesten Stranddörfer der ganzen deutschen Ostseeküste. Vermittelst des elegant eingerichteten Schraubendampfers „Barth" – Abgang 3 Uhr 20 Min. von Stralsund – gelangt der Reisende nach angenehmer, kaum vierstündiger Fahrt auf dem ruhigen Binnenwasser direct ans Ziel, da die ersten Häuser des Dorfes – auch die beiden ersten Gasthöfe – in unmittelbarer Nähe der Landungsbrücke gelegen sind. –

Die Ortschaft wird im Süden vom Binnenwasser und im Norden von der offenen See begrenzt, während Waldungen, zum größten Theil aus Laubholz bestehend, im Osten bis auf ½ Stunde und im Westen bis unmittelbar an das Dorf herantreten. Infolge dieser Lage ist das Sommerklima ein sehr gemäßigtes und erfrischendes. Die ca. 300 Wohnhäuser des Dorfes, meist von sauberen Obst-, Gemüse- und Blumengärten umgeben und von grünen Bäumen beschattet, liegen in unregelmäßigster Lage über einen Flächenraum von mehreren Quadratkilometern verstreut. Die Dorfstraßen sind mit festen und bequemen Steigen für Fußgänger versehen und zum großen Theile mit grünem Rasen bedeckt. –

Der feste, völlig steinfreie Sandstrand, mit prächtigem Wellenschlag, ist so vorzüglich zum Baden geeignet, daß er in dieser Beziehung von keinem andern Strande der Ostsee übertroffen wird. Die Badeanstalt [illegible] neu und bequem eingerichtet, so daß die Badenden [illegible], von der Badezelle aus direct in genügende Wassertiefe gelangen. –

Im Orte befinden sich vier Gasthöfe mit eleganten Logirzimmern, Cursaal, franz. Billard, Gartenanlagen, Kegelbahnen. –

Der Preis für das Mittagessen beträgt 1 ℳ bis 1,50 ℳ – für Familien billiger – und für vollständige Pension 3 ℳ bis 4,50 ℳ –

Die Badekarte für ein Bad kostet 20 ₰, das Dutzend 2 ℳ –

Privatwohnungen – mit und ohne Küche – sind in den verschiedensten Theilen des Dorfes, zum Preise von 5 ℳ bis 30 ℳ pro Woche, je nach Größe und Ausstattung, zu haben. –

Gelegenheit zu Segelpartien auf dem Binnenwasser, sowie auch auf offener See, ist vorhanden. Der benachbarte Badeort Prerow ist zu Wagen in einer Stunde und der Leuchtthurm auf Darßer-Ort in zwei Stunden zu erreichen. –

Zur Ertheilung jeder weiteren Auskunft, als auch namentlich zum Nachweis von Privatwohnungen ist bereit

Das Bade-Comité.

Zingst, im Juni 1881.

1815

Der Wiener Kongress beendet die schwedische Herrschaft. Die Inseln gehen an Preußen.

Ab 1870

Mit der Ablösung der Segelschifffahrt durch dampfgetriebene Schiffe bricht die Konjunktur der Inselschiffer zusammen. Viele See- und Schiffszimmerleute wandern nach Hamburg ab und lassen ihre Familien daheim. Um dem sinkenden Wohlstand entgegenzuwirken, beginnen die Bewohner in den Gründerjahren ihre Häuser Fremden zu öffnen. Die Stille und Unberührtheit der Region erweisen sich hierbei als gute Voraussetzung für die Entwicklung des Badewesens. Das erste „Bade-Comité" wird in Prerow gebildet (1880), ein Jahr später auch in Zingst. Damen- und Herrenbäder werden getrennt voneinander errichtet. 1913 entsteht das erste Familienbad.

1872

Eines der schwersten Sturmhochwasser der Geschichte fordert zahlreiche Menschenleben und verursacht verheerende Schäden in der ganzen Region. Als Folge versandet auch die letzte Verbindung zwischen Bodden und Ostsee, der Prerowstrom. Die Naturkatastrophe macht Schlagzeilen – der Bekanntheitsgrad der Region wächst und folglich auch die Besucherzahl.

1910
Anschluss von Zingst und Prerow an das Eisenbahnnetz über die Meiningenbrücke nach Barth. Der Badetourismus boomt.

Ab 1937
Zingst wird Wehrmachtsstandort und KdF-Bad. Östlich der Gemeinde entsteht eine Garnison. In der Sundischen Wiese entstehen eine Flaklehreinheit und ein Bombenabwurfsgelände.

Der Zweite Weltkrieg bringt den Urlauberverkehr zum Erliegen.

Ab 1945
Die Rote Armee besetzt das Gebiet. Es kommt zur Aufteilung des Großgrundbesitzes und zur Bildung des Landes Mecklenburg-Vorpommern (ab 1947 nur noch Mecklenburg genannt).

Die Darßbahnstrecke wird als Reparationsleistung entsprechend dem Potsdamer Abkommen demontiert. 1947 erfolgt die endgültige Einstellung des Bahnbetriebes.

1952
Die DDR-Länder werden in Bezirke aufgeteilt. Die gesamte Halbinsel gehört zum Bezirk Rostock.

Ab 1950
Fortführung der touristischen Tradition unter verstaatlichtem Vorzeichen. 1953 werden in der „Aktion Rose" auf Betreiben der SED viele private Hotels und Pensionen enteignet und dem Gewerkschaftsbund FDGB zugeschlagen, der von nun an den Feriendienst dominiert.

Ab 1960
In den 1960er-Jahren entsteht eine Vielzahl von Kinderferienlagern und Betriebsferienheimen.

1990
Große Teile von Fischland-Darß-Zingst, des Bodstedter und des Barther Boddens werden zum Nationalpark erklärt. Die Renaturierung beginnt.

Ab 1990
Der Tourismus entwickelt sich zur Haupterwerbsquelle auf Fischland-Darß-Zingst. Neue Urlaubseinrichtungen, Hotels und Pensionen werden gebaut, Seebrücken entstehen.

Mai 2011
Inbetriebnahme des ersten deutschen Off-Shore-Energieparks vor der Küste der Halbinsel. Sehr gut von Prerow und Zingst aus zu sehen.

2011
Beschluss zum Wiederaufbau der Darßbahn-Strecke zwischen Barth und Zingst. Geplanter Baubeginn 2014, voraussichtliche Inbetriebnahme 2016.

Haus in Ahrenshoop

Kultur & Leben

Architektur

Die Geschichte von Fischland, Darß und Zingst ist die Geschichte von Fischerei, Seefahrt und Tourismus. Dies spiegelt sich auch in der Architektur wider. Über Jahrhunderte hinweg bauten sich die Bauern und Fischer schlichte, mit Schilfrohr (niederdeutsch „Reet" genannt) gedeckte Lehmfachwerkhäuser, die je nach Wohlstand des Hausherren mit Putz oder Backstein verblendet wurden. Die gebräuchlichste Form war das **Niederdeutsche Hallenhaus,** das vermutlich durch Siedler aus Niedersachsen im 13. Jahrhundert in die Region gebracht wurde. Diese bäuerliche Hausform zeichnet sich dadurch aus, dass Mensch und Tier, Gerätschaften sowie die Ernte unter einem Dach versammelt waren. Typisch sind die niedrigen Fachwerkwände, das hohe Rohrdach mit Giebel und ein großes Holztor. Nur noch wenige dieser Häuser sind im Original erhalten. Einige davon befinden sich heute im Freilichtmuseum Klockenhagen (▶ Seite 119).

Mit dem Wandel von der Bauernwirtschaft zur Seefahrt verbreitete sich ein neuer Haustyp. Die reetgedeckten Gebäude wurden nun mit der langen Seite zur Straße hin gebaut, wodurch die **Haustüren** in den Mittelpunkt rückten und mehr und mehr an Bedeutung gewannen. Demzufolge wurden diese Türen mit besonders aufwendigen Ornamenten gestaltet. Die Motive sind abwechslungsreich und haben unterschiedliche Hintergründe. Viele stehen in direktem Bezug zur Seefahrt oder kombinieren alte volkstümliche Motive mit klassizistischen Elementen. Oder der Schutz des Hauses vor unglücklichen Einflüssen wie Blitzschlag oder Zauberei steht im Mittelpunkt ihrer Gestaltung.

So ist der Lebensbaum das Sinnbild für Lebensenergie, das Kreuz die Abwehr des Bösen und der Anker zeigt die Verbundenheit mit der Seefahrt, die aufgehende Sonne kennzeichnet eine glückliche Heimkehr der Seefahrer und der Lebensbaum sowie das Ei stellen Lebensenergie und den Ursprung des Lebens dar. Die Dächer werden von **Giebelzeichen** geziert, oft Pferdeköpfe, maritime Symbole oder Schmuckornamente.

Mit dem Wohlstand, den die Segelschifffahrt den Schiffern einbrachte, entstanden ab der Mitte des 17. Jahrhunderts die ersten **Kapitänshäuser.** Diese Häuser waren meist größer als die anderen Gebäude und zudem weiß gestrichen. Sie hatten ein voll ausgebautes Dachgeschoss und im Normalfall ein rotes Ziegeldach. Dadurch unterschieden sie sich deutlich sowohl von den blau gestrichenen Steuermannshäusern als auch von den reetgedeckten Lehmziegelbauten der ärmeren Dorfbevölkerung.

Zu Beginn des 20. Jahrhunderts erlebte die Halbinselkette einen wirtschaftlichen Aufschwung durch den boomenden Badetourismus. Architektonisches Kennzeichen hierfür sind meist weiße Hotel- und Pensionsbauten mit Holzbalkonen oder Glasveranden. Auch zahlreiche der Kapitänshäuser erhielten einen verglasten Vorbau.

Essen & Trinken

Eine althergebrachte Fischländer, Darßer oder Zingster Küche gibt es nicht. Die mecklenburgische Küche steht hierfür vielfach Pate und diese prägen bodenständige und deftige Gerichte, in denen sich die jahrhundertelange Armut des Landstrichs widerspiegelt. Dominiert wird die Speisekarte durch **Fischgerichte** in allen Variationen. Landestypisch ist der Räucherfisch direkt aus dem Räucherofen. Hinzu kommen dank der ausgedehnten Wälder **Wildgerichte.**

Ein Erbe der schwedischen Zeit ist die Vorliebe für das **Süß-Saure,** wie Grünkohl mit Rosinen, ein mit Honig und Backobst verfeinerter Braten oder Schmalz mit Apfelstücken. Deftiges wird auch nach dem Essen getrunken, „Köm“, ein klarer **Kümmelschnaps** am liebsten oder Bier.

Während der **Kulinarischen Wochen** (Mitte Oktober bis Mitte November) kommen Feinschmecker und Genießer der regionalen Küche auf der gesamten Halbinsel auf ihre Kosten. In dieser Zeit bieten viele Hotels und Restaurants besondere Arrangements. Fisch und Wildspezialitäten werden dann mit der gehobenen Küche verfeinert angeboten.

Zeesenboote dienten früher dem Fischfang

Zeesenboote

In den Boddenhäfen von Fischland-Darß-Zingst können die historischen Zeesenboote (auch Zeesbote genannt) bestaunt werden. Typisch für die großen Holzboote sind die rostbraunen Segel. Die Farbe stammt von Fetten und Holzteer, womit die Segel getränkt und haltbar gemacht wurden. Bis in die 1950er-Jahre waren sie in der Küsten- und Boddenfischerei im Einsatz. Ihren Namen verdanken sie dem seitlich ausgeworfenen, großen Schleppnetz, der „Zeese", was im Altdeutschem „großer Sack" bedeutet. Das bis zu 25 Meter lange Netz wurde über den Bodden- und Küstengrund gezogen. Nur noch zwei Fischer haben das Recht, mit ihren Zeesenbooten diese besondere Art der Fischerei zu betreiben. Heute dienen die Zeesenboote vor allem touristischen Zwecken. Ein besonderes Schauspiel sind die Zeesenbootregatten, die alljährlich vor allem in Barth, Dierhagen, Wustrow, Born, Zingst und Ribnitz-Damgarten stattfinden. Dieser Brauch wurde 1965 von dem Bodstedter Eckhardt Rammin ins Leben gerufen, ohne dessen Engagement es heute vielleicht gar keine Zeesenboote mehr geben würde. Fast die Hälfte aller registrierten Boote können daher auch auf der ältesten Regatta in Bodstedt (▸ Seite 102) bewundert werden.

Tonnenabschlagen

Ein besonderes Volksfest ist das „Tonnenabschlagen", das alljährlich im Sommer in den Dörfern auf dem Fischland und Darß gefeiert wird. Dabei handelt es sich um einen Wettstreit zu Pferd, bei dem eine Schar junger Reiter im vollen Galopp versucht, mit einem Knüppel eine am Seil hängende Holztonne zu zerschlagen. Sieger und somit Tonnenkönig ist, wer das letzte Stück der Tonne vom Haken schlägt. Dieser Wettstreit, der viel Geschicklichkeit erfordert, kann je nach Qualität des Fasses einige Stunden in Anspruch nehmen. Vor dem Beginn des eigentlichen Festes begleiten Musikkapellen die Reiter mit ihren geschmückten Pferden beim Umzug durch den Ort. Am Abend wird der frisch gekürte Tonnenkönig beim Tonnenball feuchtfröhlich gefeiert. Zudem begleiten den Wettkampf zahlreiche volkstümliche Aktivitäten wie Karussells, Buden und Tanzdarbietungen, sodass sich das Tonnenabschlagen zu einem beliebten touristischen Ereignis entwickelt hat.

Der Ursprung des Brauchs ist unklar. Eine These besagt, dass das Tonnenabschlagen mit dem Abzug der Schweden im Jahr 1815 in Verbindung steht. Damit war die Zeit der Tribute, also auch der Abgabe von Heringen in Holzfässern, zu Ende. Aus Freude darüber sollen die Fischer die Heringsfässer zerschlagen und das bis heute so beibehalten haben.

Im vollen Galopp zum Tonnenabschlagen

Feste & Veranstaltungen

Die Termine können von Jahr zu Jahr variieren, deshalb sollte man für eine genaue Planung in den Kurverwaltungen nachfragen.

Dierhagen

Ostern
Osterfeuer
3. Wochenende im Juli
Zeesenbootregatta
4. Wochenende im Juli
Hafenfest
2. Samstag im August
Tonnenabschlagen
Mitte Juli bis Mitte August
Mittelalterspektakel auf der Festwiese hinter dem Sportplatz (nahe Hauptstraße)

Wustrow

Ostersamstag
Fischländer Strandgalopprennen
Ende Juni
Sommersonnenfest
1. Samstag im Juli
Zeesenbootregatta
2. Wochenende im Juli
Tonnenabschlagen
letzter Samstag im Juli
Hafenfest
letztes Wochenende im August
Seebrückenfest
2. Samstag im September
Konzertreihe „Naturklänge"

Ahrenshoop

1. Samstag im Juni
Kinderfest
4. Wochenende im Juni
Jazz-Fest
3. Sonntag im Juli
Tonnenabschlagen
4. Wochenende im Juli
Strandfest
1. Samstag im August
Ahrenshooper Kunstauktion im Kunstkaten
3. Samstag im August
Lange Nacht der Kunst
3. Wochenende im September
Althäger Fischerregatta mit Hafenfest und Handwerkerfest

Prerow

1. Januar
Neujahrstauchen und Anbaden
Ostern
Osterfeuer und Ostertauchen
1. Wochenende nach Himmelfahrt
Seebrückenfest
Juni
Mitsommernachtsfest
Letzter Samstag im Juli
Strandfest
4. Wochenende im Juli
Tonnenabschlagen
Letztes Wochenende im Juli oder 1. Wochenende im August
Hafenfest am Prerowstrom
Letztes Wochenende im August
Museumsfest
2. Wochenende im Oktober
Nationalparklauf

Born

Februar
Traditioneller Maskenball

3. Samstag im Februar
Fastnachts-Tonnenabschlagen
2. Samstag im Juni
Traditionelles Kinderfest
Anfang Juli
Hafenfest
1. Sonntag im August
Tonnenabschlagen

Wieck

Mitte/Ende April
Darß-Marathon
4. Sonntag im Juni
Tonnenabschlagen
Juli/August (Sa, So, Mo)
Darßer Festspiele
2. Wochenende im September
Nationalpark-Tage (NLP-Tage)
Ende September/Anfang Oktober
Darßer Naturfilmfestival
(Darßer Arche)

Zingst

Ostern
Zingster Klaviertage
1. Mai
Traditionelles Anbaden an der Seebrücke
Ende Mai
Internationale Regatta-Tage
(Vor-)letztes Wochenende im Juni
Hafenfest mit Zeesenboot-Regatta
Ende Mai bis Anfang Juni
Umwelt-Fotofestival „Horizonte Zingst"
3. Augustwochenende
Zingster Kunstmagistrale
2. Wochenende im September
Shantychor-Treffen
Anfang Okober
Nationalparktage Zingst

26. Dezember
Weihnachtstauchen

Graal-Müritz

Ende Mai
Rhododendronfest
Juli
Seebrückenfest
September
Fest der Moorgeister

Ribnitz-Damgarten

2. Wochenende im Juni
Bernsteinfest
Juli
Internationales Folkloretanzfest
1. Wochenende im August
Sommerfest im Damgartener Hafen
3. Wochenende im August
Hafenfest

Klockenhagen

Ende Juli
Tonnenabschlagen

Barth

Anfang Juni
Tonnenabschlagen
Juli/August
Vineta-Festtage mit Open-Air-Theaterspektakel am Hafen

1. Wochenende im August
Segel- und Hafentage mit Zeesenbootregatta
Ende September
Lichterfest im Hafen

Bodstedt

1. Wochenende im September
Zeesenbootregatta

Ankommen & Wissenswertes

Mit dem Auto

Zwei Wege führen auf die Halbinsel. Entweder von Rostock-Ost über die B 105 bis Abzweig Altheide (vor Ribnitz-Damgarten) und weiter in Richtung Fischland. Oder von Süden aus über die A 20 in Richtung Stralsund bis zur Abfahrt Bad Sülze, weiter auf der B 105 bis Abzweig Löbnitz, von dort weiter nach Barth und über die Meiningenbrücke in Richtung Zingst bzw. Darß.

Die **Meiningenbrücke** bei Barth ist eine Drehbrücke, die zu bestimmten Zeiten den Schiffsverkehr zwischen Barther und Bodstedter Bodden passieren lässt. In diesem Fall ist die Brücke dann für 45 Minuten für den Autoverkehr gesperrt. Die Sperrzeiten sind im Sommer in der Regel vormittags um 9.30 Uhr und am Abend um 18.30 Uhr. Von Mitte Sept.–Mitte Okt. nur Mi–Sa 10.30 und 18.30 Uhr, und sonst zur Winterzeit nur Di 10.30 Uhr. An gesetzlichen Feiertagen bestehen keine Sperrzeiten.

InfoTel zu den aktuellen Sperrzeiten (03 82 31) 35 05

Mit Bahn & Bus

Von Berlin und Hamburg verkehren IC- und RE-Züge im 1- bis 2-Stundentakt nach **Ribnitz-Damgarten West,** teilweise mit Umsteigen in Rostock oder Stralsund. Ab Stralsund fährt die Usedomer Bäderbahn (UBB) ca. alle 2 Stunden nach **Barth.** Von Barth oder Ribnitz-Damgarten West Weiterfahrt mit der Buslinie 210 nach Fischland-Darß-Zingst (Mo–Fr meist stündlich zwischen 6–20 Uhr, Sa und So im 2-Stundentakt). Fahrzeit Berlin–Ahrenshoop (inkl. Bus): ca. 4 Stunden 15 Minuten.

Von Köln, Düsseldorf, dem Ruhrgebiet und Osnabrück fahren zwischen Ende März und Anfang Oktober IC-Züge direkt nach Ribnitz-Damgarten West, Velgast und Stralsund. Fahrzeit ab Köln ca. 6 Std. 30 Min.

Weitere Informationen unter www.bahn.de, www.ubb-online.de und zum Buslinienverkehr unter InfoTel (0 38 21) 88 65 65 und www.nvp-bus.de

Privatbahn InterConnex

Täglich auf der Strecke Leipzig – Berlin – Neustrelitz – Rostock. Ab Rostock weiter mit dem RE nach Ribnitz-Damgarten West.

Connex-Kunden-Center | Tel (0 18 05) 10 16 16 (14 ct/min aus dem Festnetz, 42 ct/min aus Mobilnetz) | www.interconnex.com

BerlinLinienBus

Der „Fischland-Darß-Express" fährt im Frühling und Sommer jeden Mo, Fr und Sa, von Mitte Juli bis Ende Aug. auch So, im Herbst nur Sa. Abfahrt Berlin Ostbahnhof und ZOB am Funkturm, Fahrzeit Berlin–Ahrenshoop: 5 Stunden 40 Minuten (Bus fährt über Warnemünde und Graal-Müritz).

Infos unter www.berlinlinienbus.de

Mit dem Flugzeug

Es gibt die Möglichkeit vom Flughafen Rostock-Laage via Bustransfer direkt auf den Darß zu reisen. Der Flughafen Rostock Laage wird im Sommerflugplan (März-Okt.) von Stuttgart, München, Köln/Bonn, Frankfurt am Main und Zürich direkt angeflogen. Im Winterflugplan entfallen die Verbindungen von Frankfurt am Main und Zürich. Der Bustransfer zum Darß sollte wenigstens drei Tage vor Ankunft angemeldet werden.

Infos unter www.rostock-airport.de und für den Bustransfer unter www.flymv.de

Mit dem Schiff

Fähre Barth–Zingst

Verkehrt im April, Mai, Sept., Okt. stündlich 11–16 Uhr, von Juni-Aug. stündlich 10.30–17.30 Uhr.

Fahrgastschifffahrt Poschke | Tel (03 82 34) 2 39 | Fahrradmitnahme möglich | www.fahrgastschifffahrt-fischland-darss-zingst.de

Stralsund nach Zingst

Von Mai–Mitte Sept. Mo 16.30, Sa 17.30 Uhr, von Mitte Sept.–Ende Okt. Mo 16.30, Sa 20 Uhr.

Reederei Zingst (Kooperation Reederei Oswald und Reederei Hiddensee) | Tel (03 831) 26 81 16 | www.fahrgastschifffahrt-fischland-darss-zingst.de

tipp

via tipp

Die schönste Anreise!

Mit dem Zug bis Graal-Müritz fahren und von dort mit dem Fahrrad auf dem ausgeschilderten Ostseeradweg auf den Darß radeln. Der Weg führt die meiste Zeit direkt an der Küste entlang und bietet kaum zu überbietende Ausblicke auf die spektakuläre Ostseelandschaft. Und das alles ohne Stau oder Brückensperrzeiten.

Unterwegs kann man im Fischrestaurant Räucherhaus im Althäger Hafen (▸ Seite 58) einkehren und den Blick auf den ruhigen Bodden genießen. Eine schönere Anreise wird es kaum geben.

Die Fahrt mit der Bahn Berlin – Rostock – Graal-Müritz dauert knapp über 3 Stunden.
Die Fahrzeit mit dem Fahrrad von Graal-Müritz gemütlich bis Ahrenshoop beträgt ca. 1 Stunde 30 Minuten. Will man weiter bis Wieck, dauert die Radtour von Graal-Müritz gut 2 Stunden.

Von Hiddensee (Vitte) nach Zingst

Verkehrt von Mitte Mai–Mitte Sept. Di–Fr und So 16.15, Sa 15.30 Uhr, von Mitte Sept.-Okt Di, Do, So 15.45 Uhr.
Reederei Zingst (Kooperation Reederei Oswald und Reederei Hiddensee) | Tel (03 831) 26 81 16 | www.fahrgastschifffahrt-fischland-darss-zingst.de

MS Swantevit von Ribnitz-Damgarten nach Ahrenshoop, Zingst (und retour)

Von Ribnitz-Damgarten nach Zingst von Mai–Mitte Sept. Di–Sa 15.20 Uhr (ab Juli auch Mo), von Zingst über Ahrenshoop nach Ribnitz-Damgarten Mai–Mitte Sept. Di–Sa 9.25 Uhr (ab Juli auch Mo). Weitere Verbindungszeiten außerhalb der Saison und Zubringer nach Barth direkt erfragen.
Reederei Oswald |
Tel (03 82 32) 1 66 77 oder
(01 70) 5 84 16 44

Weitere Informationen über die jeweiligen Anlegestellen, Fahrpläne und Reedereien in den Ortskapiteln und natürlich im Internet:
www.fahrgastschifffahrt-fischland-darss-zingst.de

Klima

Das Klima an der Ostseeküste ist gemäßigt. Es gilt als ideales Reizklima. Reizklima ist ein Gesundheitsklima mit intensiver Sonneneinstrahlung sowie hohem Salz- und Jodgehalt in der Luft. Der Salz- und Jodgehalt ist an der Ostsee im Verhältnis zur Nordsee geringer und damit für viele verträglicher. Gemäßigtes Klima heißt aber auch: unbeständiges Wetter. Die Sommer können heiß und trocken sein, aber auch kühle und feuchte Perioden haben. Im Winter kann es an der Küste kalt werden – oder auch nicht.

Allgemeine Informationen

Nützliche Adressen

Tourismusverband Mecklenburg-Vorpommern
Platz der Freundschaft 1 | 18059 Rostock | Tel (03 81) 4 03 05 00 | www.auf-nach-mv.de

Tourismusverband Fischland-Darß-Zingst
Barther Straße 31 | 18314 Löbnitz | Tel (03 83 24) 64 00, www.darss.net

Kurtaxe

Alle Seebäder erheben eine Kurtaxe, die in der Hochsaison 2 bis 2,30 € pro Tag und Person beträgt. Kinder, Rentner und Behinderte zahlen meist die Hälfte. Die Kurtaxe wird meistens vom Vermieter kassiert bzw. ist schon im Zimmerpreis inbegriffen. Dafür erhält man eine Kurkarte, bei deren Vorlage Ermäßigungen gewährt werden. Tagesbesucher können in der Kurverwaltung eine Tageskarte lösen.

Tankstellen

Auf der Halbinselkette gibt es nur zwei Tankstellen. Diese befinden sich in **Born** und in **Zingst** (Barther Straße).

In der Umgebung gibt es Tankmöglichkeiten in Barth, Ribnitz-Damgarten (hier gibt es sogar Erdgas), Graal-Müritz sowie zwischen Rövershagen und Mönchhagen direkt an der B 105.

Taxi

Thiel
Ostseebad Dierhagen | Tel (03 82 26) 4 28 und (01 72) 3 10 09 62

Oelke
Ostseebad Zingst | Tel (03 82 32) 1 56 10

Langmann
Ostseebad Zingst | Tel (03 82 32) 1 52 89

Reisezeit

Während es in den Sommermonaten vielerorts eher lebendig zugeht, ist die Atmosphäre im Frühjahr und Herbst beschaulicher. Im Winter sind manche Gastbetriebe zeitweise geschlossen. Voll wird es in den Ostseebädern zu Weihnachten und Silvester, dann findet man kurzfristig oftmals nur schwer eine Unterkunft.

Übernachten

Das vielfältige Angebot reicht vom Luxus-Resort über Mittelklassehotels bis zur familiengeführten Pension, privaten Zimmern und der Jugendherberge. Auch Ferienhäuser und -wohnungen aller Qualitäten gibt es in großer Zahl. Trotzdem kann es zur Hochsaison schwer sein, kurzfristig ein Zimmer zu bekommen.

Zimmerpreise

Die Preisangaben der Übernachtungstipps beziehen sich jeweils auf das günstigste Doppelzimmer mit Frühstück in der Hauptsaison. Die Angaben sind mit Eurosymbolen in drei Kategorien gegliedert:

€ = bis 70 Euro
€€ = bis 140 Euro
€€€ = über 140 Euro

Preisniveau: Die Preise für ein Doppelzimmer mittlerer Qualität bewegen sich zwischen 70 bis 90 €.

Pauschalangebote: Außerhalb der Saison bieten viele Hotels attraktive und meist preiswerte Pauschalangebote an wie zum Beispiel spezielle Wellness-Wochenenden. Infos auch unter: *www.auf-nach-mv.de*

Baden

Die Badesaison beginnt im Juni und endet im September. Die durchschnittliche **Wassertemperatur** beträgt im Juni 13° C, im Juli 16° C. Im August werden mit 17° C die höchsten Mittelwerte gemessen, im September beträgt die Wassertemperatur noch durchschnittlich 15° C. Die **Wasserqualität** wird an allen Stränden der Halbinsel als gut bis ausgezeichnet bewertet. Über allen Orten weht die blaue Flagge als Zeichen bester Wasserqualität. Das Ostseewasser wird regelmäßig vom Landeshygiene-Institut in Mecklenburg-Vorpommern untersucht.

Alle Ostseebäder haben ausgeschilderte Strandabschnitte, die von der **DLRG** überwacht werden. Unbewachte Strandabschnitte sind als solche gekennzeichnet. Beachtet werden sollten unbedingt die Warnbälle an den DLRG-Rettungsstationen: Ein Badeverbot können zwei oder ein hochgezogener roter Ball signalisieren. Ist der Ball nur halb hochgezogen, bedeutet es in jedem Fall: Badeverbot für Kinder und Nichtschwimmer, Schwimmer sollten dann nur bis zur Brusttiefe ins Wasser gehen.

Zu den regionalen Besonderheiten gehört die Freizügigkeit am Strand. Traditionell sind in Ahrenshoop und am Darßer Weststrand die Grenzen zwischen den so genannten Textil- und **FKK**-Stränden fließend. Auf eine besondere Abgrenzung wird seit Jahren verzichtet. Ansonsten gibt es in allen Orten ausgewiesene FKK-Zonen.

Im Mai werden in den Ostseebädern hunderte von **Strandkörben** aufgestellt, die im Oktober wieder in den Lagerräumen verstaut werden. Sie werden von privaten Vermietern angeboten, die Preise sind sehr unterschiedlich.

Unterwegs auf Fischland-Darß-Zingst

Viele **Wander- und Radwege** durchziehen die Halbinsel. Das flachwellige Land eignet sich hervorragend, um Rad fahrend seine Schönheiten zu entdecken. Das Radewegenetz wurde recht gut ausgebaut. So ist der Fischland-Darß-Zingst-Streckenabschnitt des **Osteeküsten-Radwegs** sicher einer der schönsten Teilabschnitte der gesamten Fernradroute. Fahrräder stehen in allen Ferienorten zum Mieten bereit. Autofahren sollte vermieden werden, da die Halbinsel vor allem im Sommer überdurschnittlich stark durch den motorisierten Straßenverkehr belastet ist.

Sollte der Gegenwind einmal zu stark sein, können bequem die **Busse** der Linie 210, die auf der Strecke Ribnitz – Darß – Barth jeden Ort auf der Halbinsel anfahren, genutzt werden (an Wochentagen im Stundentakt und am Wochenende alle zwei Stunden). Die mit „H“ im Fahrplan gekennzeichneten Busse nehmen bis zu 18 Räder auf einem speziellen Anhänger mit (keine Elektroräder). Auch die Fahrgastschiffe nehmen in der Regel Fahrräder mit.

Empfehlenswert ist der das gesamte Gebiet erschließende weiß-blau-weiß markierte **Ostseeküstenwanderweg** E 9. Er verbindet Graal-Müritz, Dierhagen, Wustrow, das Hochufer des Fischlandes, Ahrenshoop, den Darßwald, Prerow, Zingst und Barth.

Die meisten Strände sind breit und fallen flach ab

POSTKASTEN

Orte & Landschaften

Das Fischland

Fischland heißt der schmale, nur wenige Kilometer lange Landstreifen, der sich zwischen dem Permin südlich von **Wustrow** bis Ahrenshoop ins Meer schiebt. Hier lebten über Jahrhunderte vor allem Fischer und Seefahrer. Den historischen Kern des Fischlandes bildet die ehemalige Insel Wustrow rund um das gleichnamige Seebad. Bis ins Mittelalter wurde die Insel vom Festland und vom Darß durch zwei Mündungsarme der Recknitz abgetrennt. Im Süden war es der Permin, der den Bodden direkt mit der offenen See verband, und weiter nördlich in Ahrenshoop gab es den Darßer Kanal, auch „de Loop“ genannt. Im 14. Jahrhundert verstopften jedoch die Stralsunder und Rostocker durch versenkte Schiffe diese Mündungen, wodurch sie im Laufe der Zeit verlandeten. Offiziell verkündeten die Hansestädte, dass ihre Sanktionen den Piraten galten, denen dadurch der immer wieder als Unterschlupf genutzte Ribnitzer Hafen verwehrt wurde. Eigentliches Ziel war es aber, die aufstrebenden Wus-

Am Strand bei Ahrenshoop

trower auf diese unfeine Art an ihren kühnen Plänen, auch Handels- und Hafenstadt zu werden, zu hindern. Bis zu dieser Zeit wurde die Insel „Swante Wustrow", Heilige Insel, genannt. Erst im 16. Jahrhundert, als man nicht mehr von einer Insel sprechen konnte, bürgerte sich der Name Fischland ein.

Bis heute erinnern in den Dörfern auf dem Fischland zahlreiche Fischerkaten mit Schilfdach und Kapitänshäuser an die Zeit der Seefahrer. Die idyllischen Häfen am Bodden dienen nun meist touristischen Zwecken. Auf der Ostseeseite des Fischlandes erstrecken sich hinter einem sanft geschwungenen Dünengürtel feine, weiße Sandstrände. Die Wustrower legen allerdings Wert darauf festzuhalten, das Fischland beginne erst bei ihrem Dorfe und weder **Dierhagen** und noch weniger **Ahrenshoop** gehörten zu ihrer Heimat. Wir aber tun es den Ferienanbietern gleich und schlagen die Ostseebäder Dierhagen und Ahrenshoop dem Fischland zu.

Dierhagen (1600 Einw.)

Das ruhige Ostseebad Dierhagen liegt eigentlich noch im „Vorland" zum Fischland, zählt sich selbst aber schon dazu. Zwar kann es weder mit seinem Ortsbild noch mit Sehenswürdigkeiten glänzen, dafür hat es einen wunderbaren Strand soweit das Auge reicht. Daneben prägen Kiefernwälder die Umgebung ebenso wie schilfumsäumte Boddenufer, Wiesen und Moore.

Schon 1311 erstmals urkundlich unter dem Namen „Deerhagen" erwähnt, hat sich Dierhagen als Ostseebad erst im letzten Jahrhundert entwickelt. Heute besteht es aus fünf weit auseinanderliegenden Ortsteilen. Mitten hindurch führt die betriebsame Chausseestraße, die seit den 1950er-Jahren die früheren sandigen und nur mühsam passierbaren Verbindungswege ersetzt hat. Den historischen Kern bilden die beiden alten Fischerorte **Dierhagen-Dorf** und **Dändorf,** die dem Bodden zugewandt sind. Kapitänshäuser aus der Zeit der großen Segler, Bauernhöfe und Katen sind hier noch zu finden. In den kleinen Fischerhäfen geht es gemütlich zu. Vom größeren der beiden in Dierhagen-Dorf starten Zeesenboote ihre Boddentouren.

An der Ostseeküste mit ihrem feinsandigen und besonders breiten Strand erstrecken sich hinter hohen Dünen die jüngeren Ortsteile. Den Hauptort und Mittelpunkt des Strandtreibens bildet **Dierhagen-Strand.** Ferienhäuser, Pensionen, wenige Hotels und ein großer Campingplatz liegen eingebettet in einem dichten Kiefernwald. Die meisten Gaststätten und Strandläden gruppieren sich rund um den Hauptstrandzugang. Südlich von Dierhagen-Strand liegt längs der Düne der Ortsteil **Neuhaus.** Nördlich erstreckt sich die kilometerlange Siedlung **Dierhagen-Ost** fast bis nach Wustrow. Diese Ortsteile bestehen vor allem aus Wochenendhäuschen und einigen wenigen Hotels und Pensionen, die sich zwischen hohen Kiefern verstecken. Verbunden sind die Strandorte durch einen empfehlenswerten Rad- und Fußweg, der gleich hinter der Düne und teilweise durch einen schönen Dünen-Kiefernwald verläuft.

Wandern und Radfahren

Die reizvolle Küstenwald- und Dünenlandschaft rings um das Ostseebad lädt zu ausgedehnten Spaziergängen und Wanderungen ein. Gut ausgebaute Radwege führen von Dierhagen über die ganze Halbinsel bis nach Zingst und in westlicher Richtung nach Graal-Müritz und Warnemünde. Ein außergewöhnliches Wanderziel in der südlichen Umgebung gleich hinter Neuhaus stellt das **Naturschutzgebiet Großes Ribnitzer Moor** dar, das sich in Richtung Graal-Müritz erstreckt. Sie erreichen es, indem Sie vom Hauptstrandzugang in Dierhagen-Strand einfach dem ausgeschilderten Wanderweg

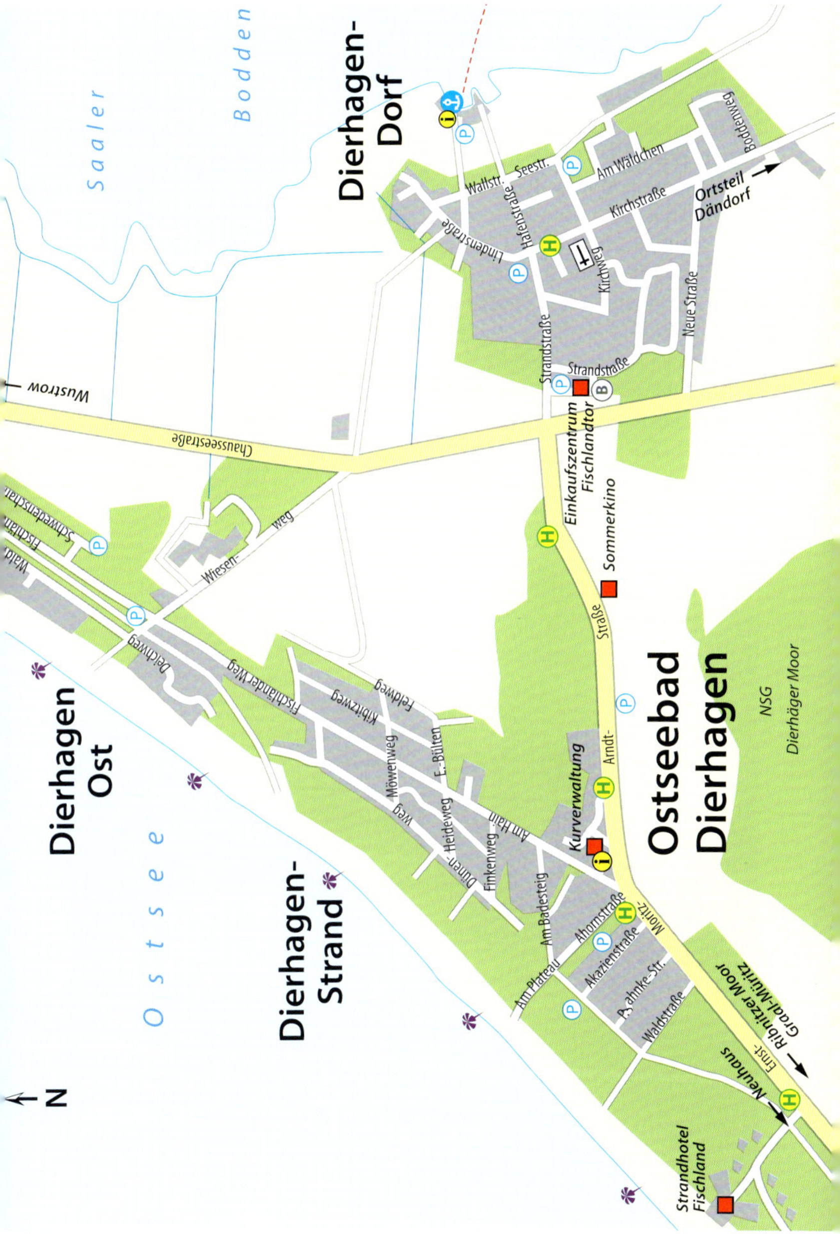
Saaler
Bodden
Dierhagen-Dorf
Ostsee
Dierhagen Ost
Dierhagen-Strand
Ostseebad Dierhagen
Wustrow
Chausseestraße
Wiesenweg
Schwedenschanze
Fischländer Weg
Deichweg
Feldweg
Kibitzweg
Möwenweg
E.-Bülten
Heideweg
Dünenweg
Finkenweg
Am Hain
Am Badesteig
Am Plateau
Ahornstraße
Akazienstraße
Bahnke-Str.
Waldstraße
Moritz-Arndt-Straße
Ernst-Moritz-Arndt-Straße
Kurverwaltung
Sommerkino
Einkaufszentrum Fischlandtor
Strandstraße
Lindenstraße
Hafenstraße
Wallstr.
Seestr.
Am Wäldchen
Kirchstraße
Kirchweg
Neue Straße
Boddenweg
Ortsteil Dändorf
NSG
Dierhäger Moor
Neuhaus
Ribnitzer Moor
Graal-Müritz
Strandhotel Fischland
N

durch den Küstenwald folgen. Nach ungefähr einer halben Stunde haben Sie das Ziel erreicht. Das Ribnitzer Große Moor ist ein küstennahes Hochmoor, das sich am Ende der letzten Eiszeit gebildet hat. Wie in vielen anderen Mooren wurde auch hier jahrhundertelang Torf gestochen. Ab 1975 wurde die zur Torfgewinnung notwendige Entwässerung durch Aufstauung zwar rückgängig gemacht, aber noch heute sind wegen des zu niedrigen Wasserstandes zwei Drittel des Schutzgebietes verlandet und mit Kiefern und Birken bewaldet. Auf fünf ausgewiesenen Wanderwegen darf man dieses Moorgebiet begehen. Brücken, Bohlenstege, Aussichtspunkte und kleine Info-Tafeln sorgen dafür, dass eine Wanderung durch das Moor abwechslungsreich und informativ ist. Mit etwas Geduld lassen sich hier neben seltenen Pflanzenarten Fischreiher, Moorfrösche oder Eulen beobachten. An den Moorseen wächst die seltene Glockenheide. Doch Vorsicht: In der warmen Jahreszeit unbedingt Mückenschutz einstecken!

Das **Naturschutzgebiet Dierhäger Moor,** das sich zwischen Dierhagen-Strand und Dierhagen-Dorf ausdehnt, ist allerdings ein Totalreservat und darf nicht betreten werden.

Strandzugang bei Dierhagen

Strand

Ein echtes Strandparadies: 50 Meter breite, feinsandige Strände vor Neuhaus, Dierhagen-Strand und Dierhagen-Ost. Die DLRG wacht (Juni–Sept. 10–18 Uhr) über den Bereich vor Dierhagen-Strand. Zwischen den Textilstränden sind jeweils kleine gekennzeichnete FKK-Bereiche und Hundestrände.

PRAKTISCHE TIPPS

Information

Kurverwaltung im „Haus des Gastes"
Zimmervermittlung, Informationen, Bibliothek, Internetterminals.
18347 Dierhagen-Strand | Ernst-Moritz-Arndt-Straße 2 | Tel (03 82 26) 2 01 | Mitte Juni–Mitte Sept. Mo–Fr 9–18 Uhr, Sa/So 10–15 Uhr, sonst Mo–Fr 9–16, Sa 10–13 Uhr | www.ostseebad-dierhagen.de

Hotels & Pensionen

Strandhotel Fischland ☺
Große Hotelanlage im Küstenwald, ehemalige Urlaubsresidenz der DDR-Politgrößen, helle Zimmer, teils mit Meerblick, Wellnessbereich, Schwimmbad, Sauna, Tennis, Tipp für Eltern: ganzjährige Kinderanimation.
Dierhagen-Strand | E.-M.-Arndt-Str. 6 | Tel (03 82 26) 5 20 | €€€ | www.strandhotel-fischland.de

Dünenmeer Hotel & Spa
2007 eröffnete, 4-Sterne-Hotelanlage direkt hinter den Dünen in ruhiger Lage, Zimmer mit Meerblick, Wellnessbereich.
Dierhagen-Neuhaus | Birkenallee 20 | Tel (03 82 26) 5 01-0 | €€€ | www.duenenmeer.com

Ostseehotel Dierhagen
Modernes Hotel am nördlichen Ortsrand in Strandnähe, ehemalige Kurklinik, 162 schlicht eingerichtete Zimmer, Wellnessbereich, Schwimmbad und Fahrradverleih.
Dierhagen-Strand | Wiesenweg 1 | Tel (03 82 26) 5 10 | €€–€€€ | www.ostseehotel-dierhagen.de

Hotel Blinkfüer
Einladendes Vier-Sterne-Hotel in Strandnähe, Sauna, Whirlpool, Fitness, 28 stilvoll und modern eingerichtete Zimmer.
Dierhagen-Ost | An der Schwedenschanze 20 | Tel (03 82 26) 53 57-0 | €€–€€€ | www.hotel-blinkfueer.de

Pension Stocker
Historisches reetgedecktes Gehöft in Boddennähe mit rustikaler Bauernstube, 19 Zimmer.
Dierhagen-Dorf | Neue Straße 6 | Tel (03 82 26) 50 80 | €€ | www.gasthaus-pension-stocker.m-vp.de

Ferienwohnungen

Parkresidenz
Große Ferienanlage (1998) 250 Meter vom Strand entfernt, 80 moderne Appartements.
Dierhagen-Strand | E.-M.-Arndt-Straße 2 | Tel (03 82 26) 8 07 62 | FeWo ab 2 Pers. ab 59 € | www.parkresidenz-dierhagen.de

Haus Windhook
Familienpension in schönem Reet-

Im Boddenhafen in Dierhagen-Dorf

dachhaus direkt hinter den Dünen, gemütliche Ferienwohnungen.
Dierhagen-Ost | Amselweg 4 | Tel (03 82 26) 8 04 94 | FeWo ab 65 € | FeHaus ab 75 € | www.haus-windhook.de

Mare-Feriendomizile
Schöne individuell ausgestattete Ferienwohnungen und -häuser, z. B. Dierhagen-Strand, Fischländer Weg 17 a, Holzhaus mit Rohrdach, Kiefernholzmöbel, Geschirrspüler.
Dändorf | Neue Reihe 6 | Tel (03 82 26) 8 04 74 | FeWo ab 60 € | www.mare-mv.de

Camping

OstseeCamp
Schöner Wiesenplatz, sehr beliebt, da 5 Minuten vom Meer entfernt.
Dierhagen-Strand | E.-M.-Arndt-Straße | Tel (03 82 26) 8 07 78 | März–Okt. | www.ostseecamp-dierhagen.de

An den Stranddünen
Direkt hinter der Stranddüne, Spielplatz, Sauna, Fahrrad- und Bootsverleih, ganzjährig geöffnet.
Dierhagen-Ost | Waldweg 5 | Tel (03 82 26) 8 04 92 | www.campingplatz-ennen.de

Camping Neuhaus
Kleiner naturbelassener Familienplatz direkt im Wald, 200 Meter vom Strand entfernt, vor Ort: Sauna, Spielplatz.
Birkenallee 10 | Tel (03 82 26) 53 99 30 | ganzjährig | www.camping-in-neuhaus.de

Essen & Trinken

Meeresrauschen
Beliebtes Restaurant in Bäderstilvilla, mecklenburgische Küche mit frischem Fisch und Wild, mittleres Preisniveau.
Dierhagen-Strand | Am Badesteig 8a | Tel (03 82 26) 5 36 08 | Saison täglich ab 11–23 Uhr | Nebensaison ab 17 Uhr

Strandhaus Orange-Blue
Restaurant, Eiscafé und Cocktailbar direkt am Hauptstrand, von der Terrasse toller Meerblick, Fischgerichte, Salate und vieles mehr.
Am Plateau 2 | Tel (03 82 26) 5 37 84 | täglich ab 11 Uhr

Pfannkuchen-Haus ☺
In dem beliebten kleinen Lokal gibt es Eierpfannkuchen in verschiedensten Variationen, süß und herzhaft.
Dierhagen-Strand | Waldstraße 4 | Tel (03 82 26) 8 04 64 | täglich ab 11 Uhr

Wintergarten im Strandhotel Fischland
Schönes großes Café, in der kalten Jahreszeit mit offenem Kaminfeuer, große Kuchenauswahl (▸ Seite 39).

Schipperhus
Reetgedecktes Fachwerkhaus mit maritimer Einrichtung, Mecklenburger Hausmannskost und viel Fisch.
Dierhagen-Dorf | Strandstraße 6 | Tel (03 82 26) 8 02 11 | täglich ab 11.30 Uhr

Boddenblick
Einfache, gute und günstige Fischküche, schöne Terrasse mit Boddenblick, freundlicher Service, auch Räucherfischverkauf.
Dierhagen-Dorf | Waldweg 10 | Tel (03 82 26) 8 01 66 | ab 11 Uhr

Wellness

Fischlandoase

Auf dem Gelände des Strandhotel Fischland gelegen. Großzügiger Sport- und Fitnessbereich, Tennis, Massage, Saunalandschaft, Schwimmbad. Tipp: die Strandsauna mit direktem Zugang zur Ostsee.

E.-M.-Arndt-Straße 6 | täglich 8–22 Uhr | Sauna 15–21 Uhr | Schwimmbad 7–21 Uhr | Tel (03 82 26) 52-9 53

Aktivitäten

Ortsführung

Historischer Rundgang.

Mai–Okt. jeden Do um 10 Uhr | Treffpunkt an der Kurverwaltung „Haus des Gastes" | Tel (03 82 26) 2 01

Udo's Fahrradverleih

Dierhagen Strand | Akazienstraße 13 | Tel (01 73) 1 37 95 78

Reiterhof Guido Lange

Kremserfahrten, Reitkurse, geführte Ausritte entlang am Strand und durch Küstenwald.

Dierhagen-Dorf | Zur Bockwiese 3 | Tel (03 82 26) 8 06 79 | www.reiterhof-lange.de

Sommerkino Blinkfüer

Gegenüber dem Zeltplatz.

Dierhagen-Strand | E.-M.-Arndt-Straße 1b | Tel (03 82 26) 8 04 70 | Mai–Okt.

Radwandern durch das Ribnitzer Moor

Nähere Information in der Kurverwaltung erfragen.

Mai–Okt. | ca. 3 Stunden | Tel (03 82 26) 2 01

Bootsfahrten

MS Boddenkieker

Vom Hafen Dierhagen-Dorf nach Ribnitz-Damgarten.

Tel (03 82 20) 5 88 | Mitte Mai–Mitte Sept. täglich 10.30/12.15/16.45 Uhr

Zeesenboot Hanne Nüte

1,5-stündige Rundfahrt auf dem Saaler Bodden und Sonderfahrten nach Absprache, Abfahrt Hafen Dierhagen-Dorf.

Anmeldung bei Herrn Zobel | Tel (03 82 26) 4 45 oder (01 70) 4 51 26 71

Markt

Sommerfrische-Markt im Hafen Dierhagen-Dorf

Frische, zum Teil ökologische Nahrungsmittel und Kunsthandwerk, z. B. Rohmilchkäse vom Ziegenhof, Bio-Rind vom Gut Darß, Sanddorn-Eis, leckere Obstkuchen aus einer Mühlenbäckerei.

Mai bis Okt. | Di und Fr 9–14 Uhr | www.sommerfrische-markt.de

Einkaufen

Einkaufszentrum Fischlandtor

In Dierhagen-Dorf direkt an der Kreuzung Landstraße/Strandstraße Richtung Dierhagen-Strand, mit Supermarkt, Drogerie, Bäckerei, Fischgeschäft, Sparkasse.

In Wustrow stehen viele Reetdachhäuser

★ Wustrow (1500 Einw.)

Das hübsche Ostseebad liegt nahe der schmalsten Stelle des Fischlandes, dort, wo vor Jahrhunderten noch ein Mündungsarm der Recknitz in die Ostsee mündete. Etliche reetgedeckte Fischerkaten und steinerne Kapitänshäuser mit bunten Vorgärten zeugen von der maritimen Vergangenheit des Ortes. Heute ist das ehemalige Fischer- und Schifferdorf ein lebhafter Badeort mit kleinstädtischem Charakter.

Seinen Namen verdankt der Ort den Slawen, die die damalige Insel vor mehr als tausend Jahren als Heiligtum betrachteten und als „Swante Wustrowe“, Heilige Insel, verehrten. Vor allem Fischfang und Seefahrt haben die Entwicklung Wustrows nachhaltig geprägt und den vormals armen Fischländern im 18. und 19. Jahrhundert zu Wohlstand verholfen. Zur Blütezeit der Segelschifffahrt war in Wustrow eine ganze Flotte beheimatet, die auf den Weltmeeren fuhr. Ihre Kapitäne bauten sich von ihrem Ersparten neue, feste Häuser aus Ziegelstein, mit einem Obergeschoss und einem Ziegeldach, in denen sie ihren Lebensabend verbringen wollten. In den Wintermonaten boten sie ihre geballten nautischen Kenntnisse in Kursen zur Erlangung des Steuermannexamens an. 1846 wurde dann in Wustrow die „Großherzoglich-Mecklenburgische Navigationsschule" gegründet. Diese Einrichtung bildete 146 Jahre lang in Navigation, Kartografie sowie See- und Handelsrecht aus und wurde bis weit über die Grenzen des Fischlandes hinaus bekannt. 1992 schloss sie ihre Pforten.

Harte Zeiten begannen Ende des 19. Jahrhunderts, als sich überall auf den Meeren die Dampfschiffe, von den Fischländern auch abfällig „Stinkbüdel" genannt, durchsetzten. Als den Wustrowern die Börsen immer dünner wurden, sollten die Fremden, die „Strandlöpers", das dringend benötigte Kleingeld bringen. Zu diesem Zweck wurde 1880 ein „Gemeinnütziger Verein" gegründet, der energisch daranging, den Schifferort in einen Badeort zu verwandeln. Badezellen wurden aufgestellt und bald reihten sich meerseitig an der Strandstraße Hotels, Pensionen und Cafés aneinander, die auch heute noch für ein lebhaftes Bäderambiente sorgen.

Spaziergang durch Wustrow

(Karte ▸ Seite 45)

Unser Spaziergang beginnt am einst bedeutenden **Boddenhafen**. Hier liegen immer einige der traditionellen Zeesenboote vertäut, auf ihre täglichen Boddenrundfahrten wartend. Auch Ausflugsschiffe laden zur Boddenfahrt (▸ Seite 50/51). Unser Weg führt uns direkt zur **Wustrower Kirche,** die heute am ehemaligen Ort einer slawischen Kultstätte weithin sichtbar ihren Turm in den Himmel reckt. Den Aufstieg sollte man sich nicht entgehen lassen (viatipp ▸ Seite 47). Zu Füßen der Kirche entfaltet sich der historische Kern Wustrows. Wir folgen der **Neuen Straße,** die gegenüber der Kirche beginnt, in den malerischsten Winkel des Ortes. Gleich zu Beginn stoßen wir auf die **Schifferwiege,** das älteste Haus in Wustrow. In ihm soll eine Hebamme gewohnt haben, die vielen späteren Kapitänen und Steuerleuten half, das Licht der Welt zu erblicken. Weiter geht's auf sandigen Wegen vorbei an reetgedeckten Fischerhäusern mit farbenfrohen Vorgärten. Prominentestes Gebäude ist das über 250 Jahre alte, rot getünchte **Fischlandhaus.** Es wurde zur 775-Jahrfeier Wustrows (2010) denkmalgerecht saniert und steht mit neuem Anbau da. Am Ende der Neuen Straße erreichen wir eine wenig beachtete Sehenswürdigkeit: Auf dem romantischen, von einer Feldsteinmauer umgebenen **Friedhof** ruhen neben Kapitänen auch namhafte Künstler.

Wir gehen weiter über die Osterstraße wieder in Richtung Hafen. An der Kreuzung zur Hafenstraße biegen wir nach links in den Barnstorfer Weg ein. Nach wenigen Minuten erreichen wir den versteckt auf einem Landzipfel liegenden, denkmalgeschützten Ortsteil **Barnstorf** mit den

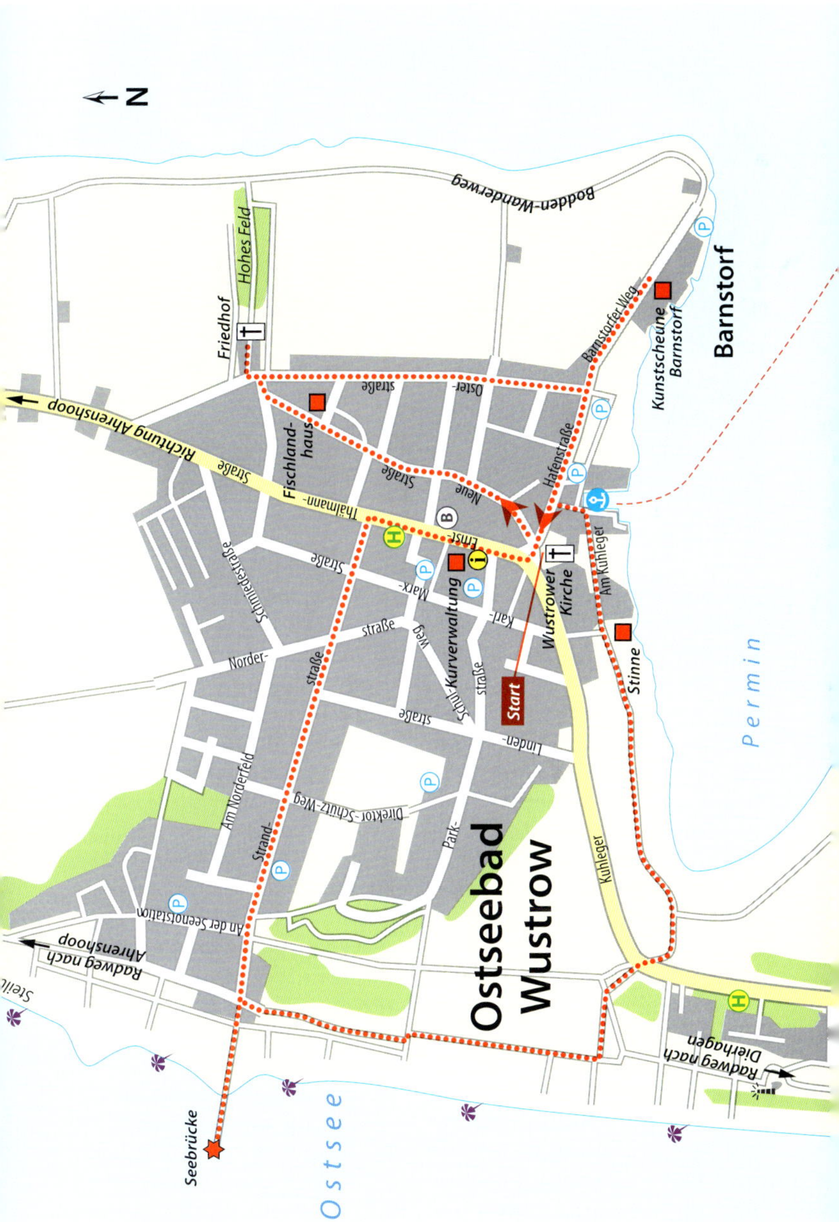
N
Bodden-Wanderweg
Hohes Feld
Friedhof
Richtung Ahrenshoop
Barnstorfer Weg
Kunstscheune Barnstorf
Barnstorf
Fischland-haus
Osterstraße
Neue Straße
Hafenstraße
Thälmann-Straße
Ernst-Thälmann-Straße
Schmiedestraße
Marx-Straße
Karl-Marx-Straße
Kurverwaltung
Wustrower Kirche
Am Kuhleger
Stinne
Norderstraße
Schul-Weg
Schulstraße
Start
Lindenstraße
Strandstraße
Am Norderfeld
Direktor-Schütz-Weg
Parkstraße
Ostseebad Wustrow
Kuhleger
Permin
An der Seenotstation
Radweg nach Ahrenshoop
Radweg nach Dierhagen
Seebrücke
Ostsee

In Barnstorf

wohl schönsten Gehöften des Fischlandes. Die mächtigen Bauernhäuser mit ihren rotbraunen Wänden und den tief hinabreichenden Rohrdächern wirken wie verwurzelt in Zeit und Raum. Traumhaft sind in den Sommermonaten die idyllischen und fotogenen Gärten. In einem von ihnen steht die **Kunstscheune.**

Wir gehen den gleichen Weg wieder zurück, vorbei an der Kirche und biegen rechts in die geschäftige Ernst-Thälmann-Staße ein, die Hauptverkehrsader Wustrows. Auf der linken Seite kommen wir an der Kurverwaltung vorbei, die ihr Domizil im einstigen Kaiserlichen Postamt (1895) hat. Kurz darauf biegen wir nach links in die **Strandstraße**. Die Strandstraße führt geradewegs zum Meer. Die Häuser in diesem Teil Wustrows weisen einen städtischen Charakter auf, was darauf zurückzuführen ist, dass hier verstärkt die besser betuchten Schifferfamilien ihre Häuser gebaut hatten. Auch ein Abstecher nach links in die Lindenstraße führt an einigen besonders gut erhaltenen Kapitänshäusern vorbei. Weiter auf der Strandstraße geht es vorbei an der alten Seenotrettungsstation von 1812 und einem Zeltkino zur 240 Meter langen **Seebrücke** (1993). Beim Blick nach Osten schauen wir zum **Hohen Ufer** (▸ Seite 54 und Tour ▸ Seite 122) und in Richtung Westen reicht die Sicht über Dierhagen bis nach Graal-Müritz. Auffällig sind die parallel zur Küste aus Granitblöcken aufgeworfenen Wellenbrecher, die die Abtragung von Strand und Küste verringern sollen. Zurück in der Strandstraße biegen wir vor dem Restaurant „Sonnenhof" rechts ab und wandern auf dem Deich weiter in Richtung Dierhagen. Auf unserem Weg begegnen wir linker Hand der ehemaligen Navigationsschule und einem Windrad. Von hier an halten wir uns nach links in Richtung Bodden und setzen unsere Tour am **Permin** fort bis zum Kuhleger am südlichen Ortseingang Wustrows. Rechts entdecken wir das Hotelschiff „Stinne". Der dänische Zweimaster war 1965 bei einem Sturm im Permin gestrandet und wurde später zum Hotelschiff umgebaut. Gleich um die Ecke befindet sich am Kuhleger 21 das so genannte Runenhaus, ein schönes Fachwerkhaus. Nicht weit von hier steht die Wustrower Kirche, deren Turm uns den Weg zum Hafen und zum Ausgangspunkt unseres Spaziergangs weist.

Sehenswertes

Fischlandhaus

Hinter krummen, rot getünchten Lehmwänden zeigt das älteste Haus Wustrows wechselnde Ausstellungen zu Malerei und Grafik und Ausstellungen zu ortsbezogenen Themen. Bibliothek, Lesungen und Kleinkunst-Aufführungen im Sommer.
Neue Straße 38 | Tel (03 82 20) 8 04 65 | Bibliothek: Mo/Di/Do 10–12 und 14–17 (Do bis 18 Uhr), Fr 10–12 Uhr | am Wochenende je nach Veranstaltungskalender geöffnet

Kunstscheune Barnstorf

In den Sommermonaten sind in der mittelalterlichen Scheune wechselnde Ausstellungen zeitgenössischer Kunst meist aus dem norddeutschen Raum zu sehen.
OT Barnstorf | Hufe IV | Tel (03 82 20) 2 01 | von Mitte Juni bis Anfang Okt. täglich 10–13 und 15–18 Uhr | www.kunstscheune-barnstorf. de

tipp

via tipp

Wustrower Kirche

Der neogotische Backsteinbau wurde 1873 geweiht. Der Kirchturm diente früher als Seezeichen und zur praktischen Navigationsausbildung. Es ist sehr lohnend, die enge Wendeltreppe des 18 Meter hohen Kirchturms emporzuklettern. Gedankt wird diese Mühe mit einem wunderbaren Panoramablick über die Boddenlandschaft im Osten und die Ostsee im Westen. Wie schmal doch das Fischland ist!
Infos im Pastorat | Hafenstraße 2 | Tel (03 82 20) 3 38 | Turmbesteigung: Mo–Sa 9–17 Uhr, So 11.30–17 Uhr | Kirche: Mo–Sa 9–12.30 und 14–17 Uhr

Strand

Feine Sandstrände beiderseits der Seebrücke, Richtung Norden zunehmend steinig. An der Seebrücke ist der Textilstrand überwacht. FKK in Richtung Dierhagen. Gebadet werden kann zudem in einsamen Buchten am Bodden.

PRAKTISCHE TIPPS

Information

Kurverwaltung im ehemaligen Kaiserlichen Postamt
Informationen und Zimmervermittlung.
18347 Wustrow | Ernst-Thälmann-Straße 11 | Tel (03 82 20) 2 51 | Öffnungszeiten telefonisch erfragen, in der Regel täglich 10–17 Uhr | www.ostseebad-wustrow.de

Fremdenverkehrsverein Wustrow e. V.
Informationen und Zimmervermittlung.
Strandstraße 11 | Tel (03 82 20) 8 27 63 | Mo–Fr 10–12 und 13–17 Uhr, Sa–So 9–12 und 14–17 Uhr | www.fremdenverkehrsverein-wustrow.de

Hotels & Pensionen

Dorint Strandresort & Spa ☺
Die Nr. 1 am Ort, in der Nähe der Seebrücke gelegen, modernes, familienfreundliches Hotel mit 97 geräumigen Zimmern und Appartements, alle mit Balkon/Terrasse, Badelandschaft, Dampfbäder, Sauna, Beauty-Farm.
Strandstraße 46 | Tel (03 82 20) 6 50 | €€€ | www.dorint.de/wustrow

Sonnenhof ☺
Fachwerkhaus in Seebrückennähe, 10 komfortable Zimmer und 4 Appartements, einige mit Balkon/Terrasse, freundliche Atmosphäre, Schwimmbad mit Wasserfall, Whirlpool, Sauna, Solarium.
Strandstraße 33 | Tel (03 82 20) 61 90 | €€–€€€ | www.sonnenhof-wustrow.de

Schifferwiege
Familiengeführte Pension in 130 Jahre altem kleinem Backsteinhaus, Frühstück im reetgedeckten Pavillon im Garten, Zimmer und App.
Karl-Marx-Straße 30 | Tel (03 82 20) 8 03 36 | € | www.schifferwiege.de

Hotelschiff Stinne
Einzigartiger Charakter: Kabinen auf einem trockengelegten dänischen Küstenschoner (Baujahr 1919) mit Blick auf den Saaler Bodden.
Am Kuhleger 13a | Tel (03 82 20) 3 36 | € | www.hotelschiff-stinne.de

Landhaus Schlunt
Ruhig gelegenes Landhaus mit ländlich eingerichteten Zimmern, diversen Saunen, Kaminzimmer, Schwimmbad, Garten mit Boddenblick.
Osterstraße 30 | Tel (03 82 20) 8 05 15 | € | www.landhaus-schlunt.de

Ferienwohnungen

Scheune Hufe III
Reetgedeckte Hofscheune auf 400 Jahre altem Bauernhof direkt am Bodden, Bootssteg, Sauna, individuell gestaltete Ferienwohnungen.
Barnstorf | Hufe III | Tel (03 82 20) 8 03 54 | ab 75 €

Strandperlen ☺
Ferienhaussiedlung (1997) mitten im Grünen, ideal für Familienurlaub.
Weidenhof 1b | Tel (03 82 20) 6 10 | FeHaus ab 779 €/Woche | www.strandperlen.de

Käpten's Corner
3 helle Ferienwohnungen in 100 Jahre altem Schifferhaus, eingerichtet mit Korb- und Holzmöbeln in maritimem Blau-Weiß, 4 Sterne.
Strandstraße 8 | Tel (0 52 09) 98 05 77 | FeWo ab 70 € | www.ostsee-fischland-darss.de

Essen & Trinken

Schimmel's
Empfehlenswerte Landhausküche auf gehobenem Niveau, regionale Zutaten, kreative Gerichte, mittleres Preisniveau, Tipp: das Sonntagsfrühstück.
Parkstraße 1 | Tel (03 82 20) 6 65 00 | Fr–Mi ab 14 Uhr, So ab 12 Uhr

Moby Dick
Das Restaurant gleicht einem Schiffsinneren, wie bei den alten Seefahrern darf in Kajüten und auf Logenplätzen gespeist werden.
Strandstraße 54 | Tel (03 82 20) 66 80 | täglich ab 11 Uhr | www.restaurant-moby-dick.de

Swantevit
Strandrestaurant am Aufgang zur Seebrücke, Tipp: Zur Seeseite erlebt man fantastische Sonnenuntergänge.
Strandstraße 56 | Tel (03 82 20) 8 25 50 | täglich ab 12 Uhr

Schifferwiege
Familiengeführt, täglich frischer Fisch, keine Fertigprodukte, alles vom Ökobauern, in 130 Jahre altem Backsteinhaus.
Feb.–Nov. täglich ab 11.30 Uhr, Jan. nur Fr–So geöffnet | www.schifferwiege.de

Wellenbrecher schützen den Strand von Wustrow

Kapitänshaus in Wustrow

Fischschuppen
Im Landhaus Schlunt (▸ Seite 48), täglich ab 17 Uhr, uriges kleines Lokal mit Boddenblick, Tipp: das Fischfondue.

Wellness

Erholungszentrum Fischland
Öffentliches Kurmittelhaus mit Schwimmbad (25 x 7m), Saunen, Massagen, Badekuren.
An der Seenotstation 1 | Tel (03 82 20) 6 20 | www.erholungszentrum-fischland.de

Aktivitäten

Fahrradverleih Schröder
Verleih und Reparatur.
Lindenstraße 17 | Tel (03 82 20) 8 09 05 | täglich 9.30–12, Mo–Fr 15–18 Uhr

Tennisfreianlage
Strandstraße | Tel (01 73) 9 59 45 12

Sommerkino
Nur in der Saison, eines der letzten Zeltkinos, innen mit Holzbänken, neben Filmen auch Kleinkunst.
Strandstraße an der Seebrücke | Tel (03 82 20) 8 01 96

Bootsfahrten

Fährverbindung
Mit MS Boddenkieker über Dierhagen nach Ribnitz-Damgarten.
Tel (03 82 20) 8 55 | Mitte Mai–Sept. täglich 11.30/14.30/17.30 Uhr | www.bodden-schifffahrt.de

Boddentörns mit den Zeesbooten Bill und Butt ☺
Törn mit Bill (Fischländer Segelschule, Herr Voigt ▸ Seite 51):

Tel (03 82 20) 6 63 65 | Mai–Sept. täglich 10.30 und 14 Uhr | in der Saison zusätzlich 16 und 18 Uhr
Törn mit Butt bei Herrn Eymael:
Tel (03 82 20) 2 01 | um 12/13/15/17 Uhr

Walking & Jogging

Nordic-Walking-Park
Seit 2009 gibt es den gut ausgeschilderten Nordic-Walking-Park. Mit insgesamt 9 Routen auf 51 Kilometern an Küste und Bodden ist für jede Kondition gesorgt. Start: an der Seebrücke in Wustrow. Dort hängen auch die Routenübersichten.
www.nordic-fitness-park.de/wustrow/

Segeln & Surfen

Surfcenter Wustrow
Etwa 1 km vor dem südlichen Ortseingang Wustrows, Surf- und Kiteschule, auch Wellenreiten, Surfshop und Verleih, außerdem Stellplätze für Wohnmobile hinter dem Deich.
An der Nebelstation 2 | Tel (03 82 20) 8 02 50 | täglich 8–22 Uhr | www.surfcenter-wustrow.de

Fischländer Segelschule
Grundkurse auch für Kinder, Verleih von Ruderbooten und Kanus.
Hr. Voigt | Hafenstraße 10 | Tel (03 82 20) 6 63 65 und (01 71) 3 27 72 90 | www.fischlaender-segelschule.de

Markt

Biomarkt
Strandstraße/An der Seenotstation | Mai bis Okt. Mi 9–18 Uhr | www.sommerfrische-markt.de

Besondere Läden

Bücherstube Fischland
Direkt an der Hauptstraße gelegen mit einem gut sortierten Angebot.
Ernst-Thälmann-Straße 20 | Tel (03 82 20) 4 07

★ Ahrenshoop (700 Einw.)

Lang streckt sich das malerische Ahrenshoop entlang der Küste auf dem schmalen – „Vordarß“ genannten – Verbindungsstück von Fischland und Darß. Ein traumhafter Strand, ausgezeichnete Hotels und viele Kunstgalerien machen Ahrenshoop zu einem beliebten Ziel bei Kunstliebhabern und gut situierten Ostseeurlaubern.

Weithin bekannt wurde der Ort als Künstlerkolonie. Ende des 19. Jahrhunderts entdeckten Landschaftsmaler wie Paul Müller-Kaempff das verschlafene und ärmliche Fischerdorf für sich. Beeindruckt von dem Landstrich mit der schroffen Steilküste und der sanften Dünenlandschaft gründeten sie Malschulen, in denen farbenprächtige Bilder entstanden. Davor spielte der 1271 erstmals urkundlich als „Arneshope“ erwähnte Ort eine unbedeutende Rolle. Damals existierte noch der Loop, ein Mündungsarm der Recknitz, der die Grenze zwischen dem mecklenburgischen Fischland und dem pommerschen Darß markierte. Erst Ende des 18. Jahrhunderts entstand hier ein kleines Fischerdorf.

Mit den Künstlern kamen auch wohlhabende Badegäste, in den 1920er-Jahren zählte man jährlich um die 2000. Nach dem Zweiten Weltkrieg avancierte Ahrenshoop zum beliebten Ferienziel der DDR-Kulturschaffenden. Oberhalb der Steilküste hinter dem Hohen Ufer durften vor allem verdiente Genossen ihre Häuser bauen. „Millionenhügel" hieß im Urlauberjargon diese Ansammlung der DDR-Intelligenz.

Bis heute lebt die Künstlertradition fort. Zahlreiche Galerien und Ausstellungshallen sowie mehr als ein Dutzend Kunstwerkstätten gibt es derzeit in Ahrenshoop – Tendenz steigend. Zentrum des kulturellen Lebens ist der Kunstkaten, der seit seiner Eröffnung 1909 Schauplatz diverser Ausstellungen und Lesungen ist. Ein Ahrenshooper Kunstmuseum wird gerade gebaut (voraussichtliche Fertigstellung 2013). Zum ersten Spatenstich am 3. September 2011 kam eigens die Bundeskanzlerin angereist.

Ahrenshoop ist ein beliebter Badeort. Von seiner Ursprünglichkeit hat der Ort zwar einiges eingebüßt, doch finden sich viele Winkel, in denen eine scheinbar unberührte Reetdach-Idylle existiert. Die meisten Häuser davon dienen allerdings einzig der Ferienvermietung. Wer also eine „echte" Fischerdorfidylle sucht, wird hier eher enttäuscht. Vielmehr wächst die Zahl an gediegenen Immobilien – meist der Reetdachromantik nacheifernd –, in die für einen komfortablen Lebensabend investiert werden kann.

An der Dorfstraße, der sehr stark befahrenen Durchgangsstraße von Ahrenshoop, haben sich aufwändig umgebaute Hotels, edle Restaurants und schicke Boutiquen angesiedelt. 2010 hat an der Stelle des alten Kurhauses auf dem Schifferberg ein modernes, exklusives Grand Hotel eröffnet. Ein weiteres Zeichen für die Entwicklung Ahrenshoops zur noblen Adresse.

Die beiden ländlich geprägten Ortsteile **Niehagen** und **Althagen** liegen am Bodden. Obwohl die beiden Mecklenburger Dörfer geografisch zum Fischland zählen, gehören sie seit 1950 zum vorpommerschen Ahrenshoop. Trennlinie ist der Grenzweg, erkennbar an Holzpfählen, die zwischen Althagen und Ahrenshoop zu finden sind. Vom kleinen Fischerhafen in Althagen legen Fahrgastschiffe ab, und die traditionellen Zeesenboote starten zu Boddentörns. Hier leben auch mehrere Keramiker, die am Töpferweg die alte Tradition der Fischlandkeramik mit Ton aus der Region fortführen.

Auf Erkundungstour in Ahrenshoop (Karte ▸ Seite 55)

Ein Spaziergang durch das ehemalige Fischerdorf ist reich an Entdeckungen: An jeder Ecke trifft man auf schöne Fischerkaten mit blumenreichen Vorgärten oder liebevoll ge-

Strand am Grenzweg in Ahrenshoop

pflegte Strandvillen. In den Rohrdachhäusern verbergen sich etliche Kunstgalerien, oft nur zu Fuß über sandige Wege zu erreichen. Kern des Künstlerortes ist der leuchtend blaue **Kunstkaten** am Strandweg direkt hinter den Dünen. Hier wollen wir unseren Bummel beginnen. Seit seiner Eröffnung 1909 lockt das Gebäude Gäste mit Ausstellungen Fischländer Künstler an. Nach dem Besuch folgen wir dem Strandweg. An der Ecke zur Dorfstraße fällt die **Bunte Stube** mit dem markanten Holztürmchen und der geschwungenen Fassade ins Auge. Sie wurde nach Plänen des Bauhaus-Architekten Walter Butzek 1929 neu gestaltet. Früher ein Ausstellungsraum, lädt heute in dem wunderbaren rot-weißen Bau ein Buch- und Kunsthandwerksladen zum Stöbern ein. Von hier biegen wir links in die viel befahrene Dorfstraße ein.

Unsere Route führt uns nach knapp 400 Metern rechter Hand in den Paetowweg zur **Schifferkirche.** Gleich gegenüber liegt das älteste Anwesen des Ortes: der nach einem ehemaligen Bürgermeister benannte Paetowsche Hof aus dem 17. Jahrhundert. In der vom Paetowweg abzweigenden Straße **Schifferberg** stehen rechter Hand einige Häuser von Mitgliedern der Malerkolonie. Wir laufen den Paetowweg weiter zum

Schifferberg. Von der fast 15 Meter hohen Erhebung bietet sich uns ein schöner Rundblick über eine weite Wiesenlandschaft bis zum Bodden. Am Darßer Weg biegen wir nach rechts und an der folgenden Weggabelung halten wir uns wieder rechts. An der nächsten Ecke sehen wir das **Dornenhaus.** In dem alten Fachwerkhaus mit tief heruntergezogenem Rohrdach ist eine Galerie untergebracht. Zurück zur Dorfstraße. Etwa 80 Meter weiter westlich führt unsere Route rechts in den **Grenzweg.** Genau hier soll die Grenze zwischen Mecklenburg (Richtung Wustrow) und Pommern (Richtung Darß) verlaufen sein. Wir folgen dem Weg wenige hundert Meter bis zum **Hohen Ufer.** Der Blick von hier zählt zu den beliebtesten Fotomotiven. Keinesfalls versäumen sollte man einen Spaziergang am Steilufer, das bis zu 10 Meter schroff zum Meer abfällt. Oberhalb führt ein schmaler Trampelpfad entlang in Richtung Wustrow (Tour ▸ Seite 122). Bei Kaffee und Kuchen in der Buhne 12 legen wir die müden Beine hoch und genießen das schöne Panorama.

Sehenswertes

Schifferkirche

Die moderne rohrgedeckte Holzkirche (1951) in der Form eines umgedrehten Schiffes ist ein architektonisches Kleinod. Aus dem Stamm einer zuvor hier stehenden Pappel schuf die Bildhauerin Doris Oberländer-Seeberg einen Großteil der Inneneinrichtung. Die Schiffsmodelle, die von der Decke hängen, stammen von dem Ahrenshooper Kapitän Heinrich Voß. Auf dem denkmalgeschützten Friedhof liegen Künstler und Seefahrer begraben.

Paetowweg 5 | Juni–Sept. Di–So 10–18 Uhr, Okt.–Mai Do–So 10–16 Uhr | Führungen über Pfarramt Prerow | Tel (03 82 33) 6 91 33 | www.schifferkirche-ahrenshoop.de

Kunstkaten

Das blau getünchte Haus wurde 1909 zur Glanzzeit der Künstlerkolonie von den Malern Paul Müller-Kaempff und Theobald Schorn als Ausstellungspavillon für die Ahrenshooper Maler errichtet. Es steht für Ausstellungen, Lesungen und Konzerte offen.

Strandweg 1| Tel (03 82 20) 8 03 08 | im Sommer täglich 10–18 Uhr | im Winter täglich 10–13 und 14–17 Uhr | www.kunstkaten.de

Dornenhaus

Erbaut um 1660. Früher Bauern-, Seefahrer- und Zollhaus, beherbergte es als Kulturbundhaus zahlreiche bedeutende Künstler, unter anderem Bertolt Brecht und Helene Weigel. Nach dem jahrelangen Verfall des Gebäudes, wurde es 1995 verkauft und aufwändig renoviert. Heute finden ganzjährig Ausstellungen, Lesungen und Konzerte statt.

Im angeschlossenen Keramikatelier kann man Handgefertigtes im typischen blau-weißen Fischland-Design erwerben, das Dekor bilden Fliegen, Fische und Blumen.

OT Althagen | Bernhard-Seitz-Weg 1 | Tel (03 82 20) 8 09 63 | täglich 10–18 Uhr | www.dornenhaus.de

Ostsee
Saaler Bodden
Ostseebad Ahrenshoop
Ortsteil Althagen
Ortsteil Niehagen
NSG Ahrens-hooper Holz
Radweg in den Darßwald und zum Weststrand
Boddenradweg nach Born
Wustrow 2,5 km
Born, Bodstedt, Zingst
Ribnitz-Damgarten
Start
Kunstkaten
Bunte Stube
Klanggalerie
Strand-halle
Kurver-waltung
Dornenhaus
Neues Kunsthaus
Hafen-bühne
Schifferkirche
Schifferberg
Bakelberg
Dorfstraße
Althäger Straße
Paetowweg
H.-Brass-Weg
Strandweg
Kirchnersgang
Feldweg
Darßer Weg
Grenzweg
Bernhard-Seitz-Weg
Hohes Ufer
Weg zum Hohen Ufer
Steilufer
Hafenweg
Wiesenweg
Fulge

Strand

Feiner Sandstrand rechter und linker Hand des Ortes. Der Strand auf Steilküstenhöhe in Richtung Wustrow wird schmal und steinig. DLRG wacht in Ortsnähe. Den Textilstränden im Ort schließen sich ohne Kennzeichnung FKK-Strände an.

PRAKTISCHE TIPPS

Information

Kurverwaltung

Informationen und Zimmervermittlung, Wlan-Zugangsdaten.

18347 Ahrenshoop | Kirchnersgang 2 | Tel (03 82 20) 66 66-0 | Juni–Sept. Mo–Fr 9–18, Sa/So 10–15 Uhr, Nebensaison: Mo–Fr 9–16, Sa 10–15 Uhr, ab April bis 17 Uhr | www.ahrenshoop.de

Parken

Im Ortszentrum fast überall verboten. Parkmöglichkeiten bei der Schifferkirche oder vor dem Einkaufszentrum.

Übernachten

Zimmervermittlung Meerfischland

Vermietung von Ferienquartieren jeglicher Art, außerdem Fahrrad- und Strandkorbverleih.

Dorfstraße 1a | Tel (03 82 20) 66 98 92 | €–€€€ | www.meerfischland.de

Hotels & Pensionen

Kurhaus Grand Hotel Moderne

5-Sterne-Hotel, 80 Zimmer mit Ostseeblick, Wellnessbereich mit Saunen, Hamam, Schwimmbad, Restaurant, Pâtisserie, Café.

Am Schifferberg | Tel (03 82 20) 67 80 | €€€ | www.kurhaus-ahrenshoop.de

Kunstkaten in Ahrenshoop

Künstlerquartier Seezeichen
Designhotel mit 15 großzügigen Appartements und Wellnessbereich. Mit Ausstellungen und Jazzbrunch. Mittlerweile gehört auch das Haus Elisabeth von Eicken (siehe unten) zum Seezeichen.
Dorfstraße 22 | Tel (03 82 20) 67 97-0 | €€€ | www.seezeichen-hotel.de

Haus Elisabeth von Eicken
Kunsthotel im ehemaligen Wohn- und Atelierhaus der gleichnamigen Malerin, individuell von Künstlern gestaltete Zimmer. Seit 2010 gehört das Hotel zum Designhotel Künstlerquartier Seezeichen (siehe oben).
Dorfstraße 39 | Tel (03 82 20) 67 97-0 | €€-€€€ | www.seezeichen-hotel.de

Romantik Hotel Namenlos & Fischerwiege
Auf mehrere Gebäude verteiltes Hotel, Zimmer mit Seeblick unterm Reetdach, mit Schwimmbad und verschiedenen Saunen.
Schifferberg 2 und 9 | Tel (03 82 20) 60 60 | €€-€€€ | www.hotel-namenlos.de

Der Fischländer
Hotel am nordöstlichen Ortsausgang am Beginn des Weststrands, Zimmer im Landhausstil unterm Reetdach, kleiner Wellnessbereich.
Dorfstraße 47e am Strandübergang 7 | Tel (03 82 20) 69 50 | €€-€€€ | www.hotelderfischlaender.de

Haus Nordlicht
Einladende, familiengeführte Pension zwischen Strand und Straße, helle, pastellfarbene Zimmer, teils mit Balkon oder Terrasse.
Dorfstraße 34 | Tel (03 82 20) 6 96 10 | €€ | www.haus-nordlicht.m-vp.de

Strandhotel Möwe
Restaurant und maritime Cocktailbar im Haupthaus, Terrasse mit Blick auf die Ostsee, 22 freundliche Zimmer und Appartements in großzügigem Reetdachhaus idyllisch gelegen auf dem Dünenrücken, neuer Wellnessbereich.
Am Schifferberg 16-17 | Tel (03 82 20) 60 80 | €€ | www.shm-ahrenshoop.de

Ferienwohnungen

Strandhaus Claassen
Ruhig gelegenes Reethaus gleich hinter der Düne, Appartements mit Terrasse oder Balkon, zum Teil mit Meerblick.
Am Strom 7 am Strandübergang 13 | Tel (0 38 22) 66 98 92 | 2-3-Pers.-App. ab 90 € | www.strandhaus-claassen.de

Fischer Fritz
Fachwerkhaus in Boddennähe, 5 FeWo im Landhausstil, eigenes Ruderboot, Kreativwerkstatt.
OT Nienhagen | Bauernreihe 8 | Tel (03 82 20) 8 00 17 | FeWo ab 60 € | www.fischer-fritz.de

Töpperhus
Reetgedeckte Bauernkate mit schönem Garten, Blick auf den Bodden, Töpferwerkstatt im Haus, geschmackvoll im ländlichen Stil eingerichtet.
OT Niehagen | Fam. Jankowski | Bauernreihe 8a | Tel (03 82 20) 8 01 16 | FeWo ab 70 € | www.toepperhus.de

tipp

via tipp

Buhne 12

Absolutes Muss: Kaffee und Kuchen auf der Terrasse oder im Garten mit wunderbarem Meerblick oberhalb der Steilküste, einfache Fischküche, Reservierung erforderlich.

Grenzweg 12 | Tel (03 82 20) 2 32 | Di–So ab 12 Uhr (im Winter nur Sa und So)

Essen & Trinken

Kap der guten Hoffnung

200 Jahre alte Gaststätte mit guter und günstiger Hausmannskost, Terrasse mit Boddenblick.

OT Niehagen | Weg zum Kiel 6 | Tel (03 82 20) 6 67 05 | täglich ab 17 Uhr | im Winter Mo Ruhetag

Räucherhaus

Rustikales, empfehlenswertes Fischrestaurant, überdachte Terrasse mit Blick auf Bodden, mit Fischgeschäft und Schau-Räucherei.

OT Althagen | Am Althäger Hafen | Tel (03 82 20) 69 46 | täglich ab 11.30 Uhr

Café & Restaurant Namenlos

Traditionsreiches Haus mit Terrasse mit weitem Ostseeblick, leicht gehobene Preise.

Schifferberg 2 | Tel (03 82 20) 60 60 | täglich ab 11 Uhr

Zur Robbe

Restaurant in altem schilfgedecktem Katen, empfehlenswerte Fischküche, preisgünstig.

Hans-Brass-Weg 1 | Tel (03 82 20) 8 01 36 | täglich 11.30–22 Uhr, Mi Ruhetag außer zur Ferienzeit | www.zur-robbe.de

Nachtleben

Tute Cocktailbar

Im Hotel „Der Fischländer" (► Seite 57), bekanntester Partytreff der Halbinsel.

In der Saison täglich ab 21 Uhr

Aktivitäten

Ortsrundgänge

Jeden Mittwoch 10 Uhr vor der Kurverwaltung | Nov.–März 11 Uhr | Dauer: 2 Stunden

Fahrrad Gielow

Dem großen Schild vorn an der Hauptstraße bis ganz nach hinten zum schwarzen Schuppen folgen.

Dorfstraße 21 | Tel (03 82 20) 8 01 34

Reiterhof Andreas Völkner

Ausritte, Kutsch- und Kremserfahrten, auch Übernachtungsmöglichkeiten.

OT Althagen | Althäger Straße 60 | Tel (03 82 20) 2 12

Wellness

Künstlerquartier Seezeichen

Designhotel mit 400 qm Wellnessbereich, Saunalandschaft mit 3 Saunen, verschiedene Fitnessmöglichkeiten und Massagen und andere Anwendungen.

Dorfstraße 22 | Tel (03 82 20) 67 97-0 | www.seezeichen-hotel.de

Bootsfahrten

Zeesbootfahrten mit Sannert und Blondine siehe viatipp ▸ Seite 59

Besondere Läden

Bunte Stube

Neben anspruchsvollem Büchersortiment Ausstellungen und Lesungen, Kunsthandwerk, Utensilien zum Malen.

Dorfstraße 24 | Tel (03 82 20) 2 38 | Mai–Okt. Mo–Sa 10–18, Juli/August bis 18.30, So 11–17 Uhr, Febr.–Apr. Di–Sa 11–18 Uhr, Nov.–Jan. Do–Sa 11–18 Uhr | www.bunte-stube.de

Klünder Keramik

Schlichte Gebrauchskeramik in schönen Erdtönen des Kunsthandwerkers Johann Klünder.

Fulge 3 | Tel (03 82 20) 2 64 | täglich 10–18 Uhr

Fischlandkeramik im Dornenhaus

Kunstkeramiker Friedemann Löber arbeitet mit blau-weißem Fischland-Design, das Dekor bilden Fliegen, Fische, Blumen.

OT Althagen | Bernhard-Seitz-Weg 1 | Tel (03 82 20) 8 09 63 | in der Saison täglich 10–18 Uhr, sonst 10–17 Uhr | www.dornenhaus.de

Galerien

Klanggalerie Das Ohr

Das Haus ist im Grundriss als Ohr konzipiert, die Künstler lassen die Welt audio-visuell neu entdecken.

Hans-Brass-Weg 2 | Tel (03 82 20) 6 67 00 | Fr–Mo 11–13 und 15–17 Uhr | www.lgm-records.de

tipp

via tipp

Zeesbootfahrt

Besonders erlebnisreich ist eine Zeesbootfahrt mit der **Sannert** oder der **Blondine,** zwei extra prachtvolle Exemplare dieser alten Schiffe. Der Kapitän, Herr Schönthier, gilt als erfahrenster Zeesbootsegler, was seine häufigen Gewinne bei Zeesenbootregatten belegen. Als Einziger verfügt er noch über die Berechtigung, das traditionelle Fischen, das so genannte „Zeesen“, auszuführen.

Buchung über das Räucherhaus | OT Althagen | Am Hafen | Tel (03 82 20) 69 46 | im Sommer täglich 10/12/14/16/18 Uhr | Fahrtzeit ca. 1,5 Stunden

Strandhalle

Gegenüber vom Kunstkaten, wechselnde Ausstellungen zeitgenössischer Kunst, klassische Konzerte und Lesungen.

Dorfstraße 16b | Tel (03 82 20) 8 25 22 | Juni–Sept. täglich 10–13 und 14–17 Uhr | sonst Mo Ruhetag

Neues Kunsthaus

Ausstellungen von Kunstwerken aus der Region.

OT Althagen | Bernhard-Seitz-Weg 3a | Tel (03 82 20) 8 07 26 | Juni–Sept. täglich 10–18 Uhr, Okt./Nov. bis 17 Uhr, Winter bis 16 Uhr | www.neues-kunsthaus-ahrenshoop.de

Der Darß

Darß nennt man das breite Eckstück der Landzunge, das sich von Ahrenshoop bis zum Prerowstrom erstreckt. Die Landschaft auf dem Darß mit ihrer einzigartigen Flora und Fauna steht unter Naturschutz und gehört seit 1990 zum **Nationalpark Vorpommersche Boddenlandschaft** (▸ Seite 14). Der Name Darß stammt vom slawischen „drazd", was so viel wie „Laubwald" bedeutet. So verwundert es nicht, dass das Herzstück des Darß der 50 Quadratkilometer große, urwaldartige **Darßwald** ist. Das Waldgebiet war schon Jagdrevier von Pommernherzögen, Reichsministern und DDR-Funktionären. Seit der Eingliederung in den Nationalpark kann sich die artenreiche Flora und Fauna wieder ungestört entwickeln. So haben in seinem stellenweise undurchdringlichen Grün viele Tierarten, die in anderen Regionen ausgestorben sind oder selten vorkommen, ihr Zu-

Bietet viel Platz: Strand in Prerow

hause. Das Naturparadies wird im Westen von einer beeindruckenden, wilden Küste, dem **Weststrand,** und im Norden von einem breiten, weißen Sandstrand gesäumt. Charakteristisch für die eigenwillige Gestalt und die Wildheit dieser Region sind die vom Wind bizarr verformten Bäume, so genannte Windflüchter.

Im Windschatten des Darßwaldes liegen an der schilfumsäumten Boddenküste die stillen Dörfer **Born** und **Wieck,** denen sich nordwestlich das lebhafte Ostseebad **Prerow** anschließt. „Born hat das Land, Wieck hat den Sand und Prerow den Strand", behauptet ein alter Spruch. Dieser will ausdrücken, dass es den Prerowern mit ihrem florierenden Badebetrieb und den Bornern mit ihrer umfassenden Landwirtschaft noch vergleichsweise gut ging, während den Wieckern die Rolle der armen Schlucker zugewiesen war.

Der Darß gliedert sich in mehrere Abschnitte, die sich aus ihrer geologischen Entwicklungsgeschichte ergeben. Im Süden, zwischen Ahrenshoop und Born, erstreckt sich der flache **Vordarß,** ein etwa 4000 Jahre altes Versumpfungsmoor. Der als Weideland genutzte Landstrich ist von Entwässerungsgräben durchzogen und boddenseitig durch einen Deich geschützt. Kern und erdgeschichtlich ältester Teil ist der **Altdarß.** Diese Endmoränenlandschaft entstand vor ca. 12000 Jahren. Der sich nördlich anschließende **Neudarß** ist jüngeren Datums und entstand erst vor etwa 2500 Jahren durch stete Sandanlandungen. Doch noch heute erfährt das Land durch die Naturgewalten des Windes und der Meeresströmung weitere Veränderungen. An stürmischen Tagen kann man direkt zusehen, wie das Meer ungebremst am Darßer Weststrand nagt. Doch was Wind und Wellen hier der Küste entreißen, landet an der Nordspitze des Darßes, dem Darßer Ort, durch Anspülungen von Sand wieder an. Bis zu zehn Metern wächst die Küste hier jährlich ins Meer.

Reffe und Riegen

Vom Darßer Ort im Norden bis weit in den Darßwald hinein (Großer Stern) kann man die faszinierende Entstehung der Landmasse an „Reffen“ und „Riegen“ ablesen. Ein Reff ist ein Strandwall, eine Riege bezeichnet ein Dünental. Reffe und Riegen wechseln sich auf dem Neudarß gut sichtbar über 100 Mal ab. Sie verlaufen hier von Westen nach Osten. Das hängt mit der küstenparallelen Meeresströmung zusammen, die an der Westküste vom Darß Sand abträgt und an der Darßer Nordspitze wieder anlanden lässt. Dadurch bilden sich im Norden zunächst Sandbänke und Inseln, der Wind häuft dann den trockenen Sand zu Strandwällen (Reffen) auf und bildet damit wiederum Senken (Riegen) oder sogar Strandseen.

Höhenunterschied und Zeit sind für die Entwicklung der Vegetation auf Reffen und Riegen von entscheidender Bedeutung: Erste Siedler auf den Strandwällen sind salzliebende Pflanzen, die das Neuland mit Wurzeln befestigen: Dünenheide und Zwergsträucher, Wacholder und Kiefern bilden nach und nach eine Humusschicht, so dass irgendwann Birken, Eichen und schließlich Buchen einen Mischwald bilden können. Die vom Meer abgeschnittenen Seen füllen sich allmählich mit Süßwasser, lassen Röhricht wuchern und bilden viele Jahre später Moore und Erlenbrüche.

Wer mehr über den Prozess der Landentstehung auf dem Darß erfahren möchte, sollte die Ausstellung im Natureum im Darßer Ort nicht verpassen (▸ Seite 80).

In Born kann man viele schöne Reetdachhäuser entdecken

★ Born (1100 Einw.)

Eingebettet in Wiesen und Wald schmiegt sich das lang gestreckte Dörfchen an der Südküste in eine Bucht des Saaler Boddens. Die ruhige Lage und die dörfliche Belassenheit mit Rohrdachhäusern, stattlichen Kapitänsvillen und Kopfsteinpflaster machen den besonderen Reiz des Ortes aus. Vor allem Naturfreunde wählen Born gern als Urlaubsort, denn seine zentrale Lage macht das Dorf zum idealen Ausgangspunkt für Wanderungen in den Darßwald oder Radtouren über die gesamte Halbinsel. Aber auch Segler, Surfer und Angler kommen hier voll auf ihre Kosten. In kleinen Buchten haben Boote ihre Liegeplätze und im neu ausgebauten Hafen ankern Segelyachten. Von hier blickt man auf die Gras- und Schilfinsel Bülten. Zum Baden im Meer sind es sieben Kilometer bis zum West- oder Nordstrand bei Prerow.

Der Name des Boddendörfchens leitet sich her vom slawischen Wort „bori", was „Föhrenwald" bedeutet und auf die Lage am Waldrand anspielt. Diese Lage veranlasste wohl auch die Pommernfürsten im Mittelalter in der Nähe des heutigen Hafens ein Jagdhaus zu errichten, von dem aus sie zur Jagd ziehen konnten. Auf den zugehörigen bewirtschaftbaren Ländereien siedelten Bauern. Mit dem Aufkommen der Segelschifffahrt änderte sich auch in Born das Bild schlagartig: Die Bevölkerung wuchs, die Streusiedlung entstand, zu den Bauern gesellten sich Schiffseigner, Schmiede sowie Seiler und neben den einfachen Bauernkaten entstanden behäbige Kapitänshäuser. Der Niedergang der Segelschifffahrt im 19. Jahrhundert bedeutete für Born aber im Gegensatz zum Nachbardorf Wieck keine völlige Verarmung, da nun verstärkt Landwirtschaft betrieben wurde. Denn Born verfügte damals wie heute über bestes Acker- und Weideland. Bis in die jüngste Vergangenheit prägte daher die Landwirtschaft den Ort. In den DDR-Jahren wurde ein agrarischer Großbetrieb mit Ställen für die Massentierhaltung errichtet. Einige leerstehende Ruinen davon finden sich noch heute. Die ersten Badegäste kamen erst ab 1930, doch mittlerweile ist der Tourismus das Zugpferd des Ortes. Längst stehen nun allerlei Ferienhauskolonien zwischen den alten Fischer- und Bauernhäusern.

Nicht entgehen lassen sollte man sich eines der zahlreichen traditionellen Dorffeste, bei denen die Borner gerne in bunten Trachten das Tanzbein schwingen. Wer gar zur Faschingszeit vorbeikommt, den erwartet ein nicht alltägliches Schauspiel. Die Einwohner des Dorfes entwerfen wochenlang hinter geschlossenen Fensterläden fantasievolle Kostüme für den Maskenball. Zum Ball gehen die Borner nämlich so stark verkleidet und maskiert, dass schon mancher seinen eigenen Nachbarn nicht erkannt hat. Erst nach der Demaskierung um Mitternacht erfährt man, wer sich hinter der Verkleidung verbirgt. Auch das traditionelle Fastnachts-Tonnenabschlagen gehört zum närrischen Treiben.

Dorfspaziergang

Für einen Spaziergang durch das Dorf sollte man sich etwas Zeit nehmen, denn die schönsten Häuser muss man suchen und sich erwandern. Der Weg führt durch verwinkelte und verschachtelte Dorfstraßen, teils mit Kopfsteinpflaster, oder über einfache Sandpisten. Die ältesten Häuser findet man im westlichen Teil der **Nordstraße** (z. B. Nr. 29). Zahlreiche behäbige Kapitänsvillen und Bauernkaten mit tief heruntergezogenen Schilfdächern und schönen Vorgärten sind vor allem in der **Chausseestraße** (z. B. Nr. 17, 45, 54, 79) oder der Südstraße zu entdecken. Blickfang sind die geschnitzten und mit farbenfrohen volkstümlichen Motiven bemalten Haustüren. Während die in einen Pferdekopf auslaufenden Giebelzeichen vor Feuer und Sturm schützen sollten, verhießen die häufigen Sonnensymbole auf den Türen einen Willkommensgruß für die heimkehrenden Seefahrer. Noch heute hält man in Born an

Radweg nach Wieck
Bliesenrader Weg
straße
An de Bäk
straße
Einkaufszentrum
N
Chaussee-
Saaler Bodden
Nationalparkamt
Im Forst
Im Forst
Bäder-
Kurverwaltung
Forst- und Jagdmuseum
Freilichtbühne Born
Chausseestraße
Sommertheater
Born
Rad- und Wanderweg zum Weststrand
Fischerkirche
Kirchweg
Bäcker-gang
Peterssons Hof-Café
Borner Stube
Im Moor
Schul-straße
Am Wald
Im Moor
Im Moor
Grüne Hufe
Nordstraße
Straße
Süd-
Kletterwald
Gut Darß
Nordstraße
Radweg nach Ahrenshoop

Haustür mit Lebensbaum in Born

dem alten Brauch der Seemannskultur fest, die Bemalung jährlich aufzufrischen (▸ Seite 20).

Am **Bäckergang** treffen wir auf eine riesige Dorflinde, die schon im 17. Jahrhundert den Mittelpunkt des Dorfes bildete. Hier liegt auch „Peterssons Hof“, der 1833 vom Kapitän Carl von Petersson als erstes Hotel auf dem Darß gebaut wurde. Nach Jahren des Leerstands und des drohenden Verfalls wurde das Gebäude intensiv rekonstruktiert. Besonders zu empfehlen ist das teilweise mit antikem Mobiliar ausgestattete Café in der alten Scheune.

Seit 1935 besitzt Born auch eine **Fischerkirche.** Aus Holz gebaut und mit Rohr gedeckt steht sie auf einer weiten Wiese am Rande des Kirchwegs. In ihr finden gelegentlich Konzerte statt. Zurück auf der Chausseestraße, ist das **Forst- und Jagdmuseum Ferdinand von Raesfeld** einen Besuch wert. Ohne das Aufforsten des preußischen Forstmeisters wäre der Darßwald an vielen Stellen licht und baumlos.

In der Saison lockt das **Sommertheater** in der Chausseestraße mit Theateraufführungen und Konzerten Gäste aus der Region, sowie die Freilichtbühne Born neben dem Jagdmuseum.

Sehenswertes

Forst- und Jagdmuseum „Ferdinand von Raesfeld“

Die 1771 erbaute Oberförsterei gehört zu den ältesten Gebäuden Borns. Die Ausstellung des 1996 eröffneten Museums befasst sich mit dem Leben und Wirken des Forstmeisters Ferdinand von Raesfeld und der Darßer Forstgeschichte.

Alte Försterei | Chausseestraße 64 | Tel (03 82 34) 3 02 97 | in der Saison Di–So 10–16 Uhr, sonst nach Vereinbarung | Eintritt frei, Spenden willkommen

Fischerkirche

Die einfache Holzkirche mit Reetdach (1934/35) wurde nach Entwürfen des Hamburger Architekten Bernhard Hopp errichtet, der auch die den Altarraum zierenden Holzfiguren geschnitzt hat.

Infos über Pastorat | Kirchenort 2 | 18375 Prerow | Tel (03 82 33) 6 91 33 | in der Saison Mi 14–16 Uhr, außerhalb der Saison Sa 11–12 Uhr | Führungen nach Absprache

Borner Stube

Die Ausstellung im Obergeschoss von Peterssons Hof-Café erzählt wie in einer Art Chronik durch Bilder und Gegenstände die Geschichte des idyllischen Fischerörtchens. Seekisten, eine Schiffszimmermannskiste mit Werkzeug, historische Fotos und eine Truhe mit Waschholz, Unterröcken und Tüchern für die Aussteuer sind zu sehen.

Bäckergang 12b | Besichtigung auf Anfrage | Tel (03 82 34) 5 57 20 | www.peterssons-hof.de

Strand

Der unbewachte Boddenstrand eignet sich mit seinem feinen Sand zum Baden. Bis zur Ostseeküste sind es etwa 7 Kilometer.

PRAKTISCHE TIPPS

Information

Kurverwaltung

Vermietung und Informationen.

18375 Born | Chausseestraße 73b | Tel (03 82 34) 5 04 21 | im Sommer Mo–Fr 9–18 Uhr, Sa 10–16, So 10–14 Uhr, in der Nebensaison eingeschränkte Öffnungszeiten | www.darss.org

Hotels & Pensionen

Walfischhaus

Bio-Pension, kleiner Familienbetrieb in restauriertem Kapitänshäuschen am Hafen, 7 helle, geräumige Zimmer mit Holzdielen, teils mit Balkon/Terrasse.

Chausseestraße 74 | Tel (03 82 34) 5 57 84 | €€ | www.walfischhaus.de

Haus Seezeichen

Komfortable Zimmer unterm Reetdach und Appartements, Kiefernmöbel, Garten, Sauna gegen Gebühr.

Im Moor 3a | Tel (03 82 34) 55 98 01 | € | www.darss-haus-seezeichen.de

Ferienwohnungen

Strandgut

Ruhig gelegene Reetdachanlage mit stilvoll eingerichteten FeWo, die seemännische Namen wie Kombüse oder Kajüte tragen, teils mit Terrasse/Balkon.

Chausseestraße 95 | Tel (03 82 34) 3 00 68 | FeWo ab 64 € | www.strandgut.info

Jugendherberge

JH Ibenhorst

Umweltjugendherberge mit Betten in Bungalows und bunten Schwedenhäusern, etwa 3 km außerhalb (Richtung Ahrenshoop) abseits der Straße im Nationalpark gelegen.

Born-Ibenhorst | Im Darßer Wald | Tel (03 82 34) 2 29 | € | www.djh-mv.de

Camping

Regenbogen-Camp Born

Campingplatz zwischen Wald und Wiesen am Saaler Bodden, Verleih von Fahrrädern und Paddelbooten, außerdem: Reiten, Surfschule, Segeln und Sommerkino.

Nordstraße | Tel (03 82 34) 2 44 | Apr.–Okt. | www.regenbogen-camp.de

Essen & Trinken

Walfischhaus

Bio-Café-Restaurant in altem Kapitänshaus, regionale Küche mit Produkten aus ökologischem Anbau, nachmittags hausgemachte Kuchen und Torten, gehobene Preise, schöne Terrasse mit Boddenblick.

Chausseestraße 74 | Tel (03 82 34) 5 57 84 | täglich 12–22 Uhr, Mi Ruhetag

Peterssons Hof-Café

Gemütliches Café und Restaurant mit antikem Mobiliar, Terrasse unter Lindenbäumen, offener Kamin, gehobenes Preisniveau. Im Kapitänshaus neben dem Café stehen 5 FeWo zur Verfügung.

Bäckergang 12b | Tel (03 82 34) 5 57 20 | im Sommer täglich bis 22 Uhr, im Winter bis 21 Uhr (Di Ruhetag) | www.peterssons-hof.de

Café TonArt

Charmantes Café im holzverklei-

deten Kapitänshäuschen mit Gartenterrasse.
Chausseestraße 58 | Tel (03 82 34) 5 59 57 | Apr.-Okt. 12-20 Uhr, in der Saison 9.30-20 Uhr, Mo Ruhetag

Mühlenstube
Zum Gasthaus umgebaute Windmühle mit Außenterrasse, beliebte und günstige Fischgaststätte.
Nordstraße 25 | Tel (03 82 34) 4 72 | März-Nov. Mi-So 11.30-22 Uhr

Aktivitäten

Ortsrundgang
Mai-Okt. jeden Di 10 Uhr | Treffpunkt an Haltestelle Waldschänke

Nationalparkamt Vorpommersche Boddenlandschaft
Ausstellung „Darß-Wanderung" und Informationen zum Nationalpark, Öffnungszeiten und Führungen telefonisch erfragen, wöchentlich Rad- und Fußwanderungen durch den Darßwald und zum Weststrand.
Im Forst 5 | Tel (03 82 34) 5 02-0 | www.nationalpark-vorpommersche-boddenlandschaft.de

Neumann's Fahrradshop
Verkauf, Verleih und Reparatur, Elektrofahrräder.
Im Moor 2 | Tel (03 82 34) 2 72 | Mai-Okt. täglich 9-19 Uhr

Kletterwald Darß ☺
Kletterspaß für die ganze Familie auf wackeligen Hängebrücken und mit rasanten Seilbahnen. Die neue Anlage bietet sechs Parcours mit 56 Stationen.
Am Wald 26 | Tel (01 76) 11 83 75 21 | Apr.-Okt. 10-19/20 Uhr | www.kletterwald-darss.de

Reiterhof Kafka
Reitunterricht, geführte Ausritte, Kutsch- und Kremserfahrten durch den Darßer Wald.
Im Moor 17/Grüne Hufe 6 | Tel (03 82 34) 2 49 | www.reiterhof-kafka.de

Segeln & Surfen

Kitesurf & Kanu
Kurse und Verleih, Surfstrand neben Campingplatz.
Regenbogen-Camp | Nordstraße | Tel (03 82 34) 5 55 82 | www.kiten-lernen.de

Hafen am Koppelstrom
35 Gastliegeplätze, Auskünfte über Hafenmeister Herrn Witt.
Tel (01 71) 8 38 09 19

Bootsfahrten

MS Heidi nach Prerow
Reederei Rasche | Auf dem Ende 8 | Tel (03 82 34) 2 10 oder an Bord (0171) 5 23 10 73 | Juni-Aug. 9.50 und 15.15 Uhr, März-Mai und Sept.-Nov. 10 und 14.10 Uhr | www.reederei-rasche.de

Boddenrundfahrt mit MS Bültenkieker
Boddenrundfahrten nach Ahrenshoop/OT Althagen.
Täglich Mai-Sept. 11.15/15.10/17.35 Uhr | Ende Okt. bis Anfang April keine Abfahrt | Fahrgastbetrieb Kruse und Voß | Tel (03 82 20) 5 88 oder an Bord (01 72) 3 89 60 90 | www.boddenschifffahrt.de

Kultur

Sommertheater
Die Kleinkunstbühne der Kurverwaltung zeigt Kabarett, Lesungen und Konzerte von Apr.–Okt., sie fasst knapp 60 Personen, deshalb rechtzeitig reservieren! Programm in Kurverwaltung erfragen (▶ Seite 68).
Chausseestraße 90 | Tel (03 82 34) 5 04 21 (Kurverwaltung)

Galerie Born
Die ambitionierte Galerie widmet sich seit 2008 zeitgenössischer Kunst, alle 4–6 Wochen wechselnde Ausstellungen.
Südstraße 22 | Tel (01 72) 8 85 56 92 | Mi/Do–So 11–17/18 Uhr | www.galerie-born.de

Darß-Festspiele
Etwas versteckt neben dem Forstmuseum. Komödien in Hochdeutsch, Plattdeutsch oder Missingsch, eine vereinfachte Form des Niederdeutschen. Auch Kindervorstellungen.
Freilichtbühne Born | Chausseestraße 64 | Tel (03 82 34) 5 58 12 | www.darss-festspiele.de

Besondere Läden

Hofladen Gut Darß
Für Fleischkenner ein echter Geheimtipp: Im Hofladen des Gutes kann man Rind- und Wildspezialitäten probieren und kaufen. Das Biofleisch vom Gut Darß entstammt ausschließlich eigener Zucht.
Am Wald 26 | Tel (03 82 34) 5 06 27 | Mai–Okt. Mo–Fr 9–18, Sa 9–12 Uhr | Regional- und Biomarkt Do 9.30–14 Uhr | Do um 10 Uhr auch geführte Gutsbesichtigungen | Nov.–Apr. Mo–Fr 9–17, Sa 9–12 Uhr | www.gut-darss.de

Einkaufen

E neukauf Born
Bäderstraße 1 | Tel (03 82 34) 30 10 1 | Mai–Sept. Mo–Sa 8–20 Uhr, So 13–18 Uhr | neben der Saison reduzierte Öffnungszeiten

Wieck (760 Einw.)

Umgeben von Wiesen und Viehweiden liegt das kleinste Darßdorf abgelegen am Ufer des Bodstedter Bodden. Der niederdeutsche Name des Dorfes bedeutet „Bucht" und beschreibt die idyllische Lage zwischen zwei Landzungen. Die ländliche Atmosphäre sowie die ruhige Boddenlage machen den kleinen Ort zu einem Paradies für alle, die Ruhe und Erholung suchen und doch nicht weit von den Darßattraktionen untergebracht sein wollen. Weststrand, Nordstrand und Prerow sind selbst mit dem Fahrrad nicht weit entfernt und die Wege dahin führen stets durch wunderschöne Landschaft.

Bei so viel Beschaulichkeit möchte man kaum glauben, dass zu Zeiten der großen Segelschifffahrt im Wiecker Hafen mehr Schiffe verkehrten als im Hafen von Barth. Noch heute erinnern einige wenige reetgedeckte Kapitänshäuser an diese Blü-

N
Wieck
Moorbruch
Brandmaase
Stoeckwiesen
Bodstedter Bodden
Rad- und Wanderweg nach Prerow
Rad- und Wanderweg nach Born
Mühlenweg
Nordkaten
Südkaten
In den Wischen
Bauernreihe
Ellernweg
Kielstraße
Kielstraße
Müggenberg
Kargweg
Kurverwaltung
Darßer Arche
Prerower Straße
Kurpark
Brake
Nordseite
Nordseite
Postweg
Postreihe
Hauptstraße
Cavelhorster Gang
Quergang
Bliesenrader Weg
Strandweg
Trommelplatz
Cavelhorst
Bäder-straße
Bäder-straße

Töpferei in Wieck

tezeit der Seefahrt, die den Wieckern Anfang des 18. Jahrhunderts zu Wohlstand verhalf. Mit dem Wegfall dieses Erwerbszweiges durch die aufkommende Dampfschifffahrt begann für Wieck jedoch der Abstieg zum ärmsten Ort auf dem Darß. Im Gegensatz zu anderen Orten entwickelte sich der Fremdenverkehr hier sehr spät. Bis heute ist der Tourismus nur gering ausgeprägt, auch wenn in den letzten Jahren viele neu gebaute Ferienhäuser hinzugekommen sind. Die meisten Besucher sind Tagesgäste, die mit dem Rad auf dem gut ausgebauten Ostseefernradweg nach Prerow unterwegs sind und Wieck für eine entspannende Rast oder einen Besuch des Nationalpark- und Gästezentrums Darßer Arche nutzen.

Übrigens hat sich der kleine Ort ganz den Themen der gesunden Ernährung und dem ökologischem Landbau verschrieben. Neben Deutschlands erster „BioModellstadt" Nürnberg ist Wieck das erste deutsche „BioModelldorf". Die Wiecker wollen nachhaltigen und ökologischen Tourismus fördern.

Dorfspaziergang

In der Ortsmitte steht die Attraktion von Wieck, die **Darßer Arche,** der wir zunächst einen Besuch abstatten. In dem Neubau befindet sich das **Nationalpark- und Gästezentrum.**

Im Anschluss daran begeben wir uns auf historische Spurensuche. Von den nur noch wenigen alten Häusern in Wieck ist vor allem die **Doppelbüdnerei** von 1784 am Trommelplatz 1 zu erwähnen. Daneben sind noch einige alte Fischerhäuser in der **Bauernreihe** (hier vor allem

Nr. 4 und 14) zu finden. Hier steht auch die Hauptstütze des Tourismus: das Hotel Haferland einschließlich Gourmetrestaurant. Auf der dem Bodden zugekehrten Seite der Bauernreihe breitet sich der modernisierte Seglerhafen aus. Dort führen zwei lange Brücken ins Wasser. Von hier sieht man zum Ortsteil **Bliesenrade.** Der Weiler, der nur aus einigen Gehöften und Ferienhäusern besteht, liegt malerisch auf einer Landspitze, deren Ausläufer Nadelhaken heißt. Der abgeschiedene Ort wurde erst 1953 an das Elektrizitätsnetz angeschlossen. Man erreicht ihn, indem man am östlichen Ende der Chausseestraße in Born auf den Radweg nach Wieck (Bliesenrader Weg) abbiegt, auf dem es stets geradeaus geht (nicht der Abzweigung nach links nach Wieck folgen!). Der Uferspaziergang bietet schöne Impressionen der Boddenlandschaft und für Vogelfreunde gute Beobachtungsmöglichkeiten.

Sehenswertes

★ Nationalpark- und Gästezentrum Darßer Arche ☺

In dem Neubau, der wie ein aufgedocktes Schiff konzipiert wurde, befindet sich das Nationalpark- und Gästezentrum. Die Ausstellung und Multivisionsschau ermöglicht auf 400 Quadratmetern eine virtuelle Reise durch die Boddenlandschaft. Wer keine Zeit hat, die Natur zu beobachten, kann sich unter anderem einen Film mit grandiosen Bildern von Europas größtem Kranichrastplatz ansehen, in einem Brandungstunnel der Kraft des Meeres lauschen oder den Stimmen von Rohrweihe und Wildschwein zuhören. Um zwei andere Sinne kümmert

Schmugglernest Wieck

Der Johann-Segebarth-Weg erinnert an den 1833 in Wieck geborenen Kapitän und Heimatdichter, dessen bekanntestes Buch „De Darßer Smuggler" heißt. Erzählt wird über den lebhaften Schmuggel, der im 19. Jahrhundert zwischen Vorpommern und dem mecklenburgischen Fischland getrieben wurde. Die Grenze verlief damals zwischen der Recknitzmündung durch den Bodden nach Ahrenshoop. Hauptsitz der Schmuggler war Wieck. Sie fuhren nachts auf Booten quer über den Bodden. Im Winter, wenn der Bodden zugefroren war, benutzten sie Schlittschuhe. Der riskanteste Abschnitt waren die Engpässe bei Bliesenrade und bei den Borner Bülten, wo die Zöllner und Gendarmen auf der Lauer lagen. Doch man hatte vorgesorgt: Von der Borner Mühle signalisierten Ortskundige mit Lichtzeichen, ob die Luft rein war. Als 1868 Mecklenburg dem Deutschen Zollverein beitrat, war es mit dem einträglichen Nebengewerbe vorbei.

sich das freundliche Café Fernblau, das mit duftendem Kaffee und leckerem Kuchen zum Verweilen einlädt (▸ Seite 75).

Bliesenrader Weg 2 | Tel (03 82 33) 7 03 80 | Mai–Okt. täglich 10–18 Uhr, Nov.–April Mi–So 10–16 Uhr bzw. telefonisch erfragen | www.darsser-arche.de

Galerie Künstlerdeck

Präsentiert werden abwechselnd Werke aller Genres von Künstlern aus Mecklenburg und Vorpommern.

In der „Alten Schule" Bliesenrader Weg 2 | Tel (03 82 33) 70 38 12 | Nov.–März Fr–So 11–17 Uhr, Apr.–Okt. Di–So 11–17 Uhr | www.kuenstlerdeck.de

Strand

Am Bodstedter Bodden gibt es einige unbewachte Badestellen, z. B. nahe des Sporthafens. Der Nordstrand an der Ostsee bei Prerow ist ca. 5 Kilometer entfernt und gut per Rad zu erreichen.

PRAKTISCHE TIPPS

Information

Kurverwaltung in der Darßer Arche

Neben Zimmervermittlung auch ausführliche Informationen über die Vorpommersche Boddenlandschaft.

18375 Wieck | Bliesenrader Weg 2 | Tel (03 82 33) 2 01 | Juni–Aug. Mo–Fr 9–17.30, Sa/So 10–13 Uhr, Sept.–Mai reduzierte Öffnungszeiten telefonisch erfragen | www.darss.org

Übernachten

Hotel Haferland

viatipp ▸ Seite 75

Am Wiecker Hafen

Pension Reetwinkel
Helle FeWo in reetgedecktem Neubau, Sauna und Whirlpool gegen Aufpreis, Südterrasse.
Postreihe 3 | Buchung über Fam. Mitzon | Tel (0 30) 65 47 07 77 | Fewo ab 60 € | www.reetwinkel.de

Altes Kloster
FeWo in 300 Jahre altem Reetdachhaus, ruhige Lage, Terrasse, Garten.
Cavelhorster Gang 4 | Kontakt über Fr. Müller-Bühl | Tel (07 21) 45 36 53 | FeWo ab 80 € | www.alteskloster-wieck.de

Ferienhaus Traumfänger
Reetgedecktes Holzhaus (Neubau) mit moderner, gemütlicher Einrichtung, Kamin, Terrasse, für 5 Pers.
Kargweg 23 | Kontakt über Fr. A. Junkhoff | Tel (0 49 54) 92 20 73 | 90 € | www.junkhoff.de/wieck

tipp

via tipp

Hotel Haferland
Vier-Sterne-Hotel mit Reetdach in ruhiger Lage am Seglerhafen, eines der besten Häuser der Region, Boddenstrand, Sauna, Kräuterdampf- und Hallenschwimmbad, 45 Zimmer im Landhausstil, riesiger Garten mit Kräutern und seltenen Pflanzen, ausgezeichnete Küche in den Restaurants „Gute Stube“ und „Bajazzo“ (siehe Essen & Trinken).
Bauernreihe 5 | Tel (03 82 33) 6 80 | €€–€€€ | www.hotelhaferland.de

Essen & Trinken

Gute Stube & Bajazzo
Herausragende Aromenküche mit regionalen Produkten in der Guten Stube, im Bajazzo vegetarische Feinschmeckerküche (4-Gang-Menü ab ca. 38 €) im Hotel Haferland (viatipp ▸ Seite 75).
Bauernreihe 5 | Tel (03 82 33) 6 80

Fischers Hof
Fischrestaurant und Fischverkauf frisch vom Boddenfischer.
Nordkaten 1 | Tel (03 82 33) 4 91 | in der Saison täglich ab 11.30 Uhr (sonst Mo Ruhetag)

Fernblau
Gemütliches und modernes Bio-Café mit schöner Terrasse und toller Glasveranda.
Bliesenrader Weg 2, in der Darßer Arche | Tel (03 82 33) 7 01 13 | im Sommer täglich 10–17 Uhr | im Winter eingeschränkt Mi–So

Aktivitäten

Neumann's Fahrradshop
Verleih, Verkauf, Reparatur, auch Elektrofahrräder.
Müggenberg 31 | Tel (03 82 33) 7 05 36 | Mai–Okt. 9–19 Uhr

Reiterhof Schummek
Kutsch- und Kremserfahrten durch den Nationalpark.
Cavelhorst 9 | Tel (03 82 33) 5 87

Segeln & Surfen

Sportboothafen
Hafenmeister Herr Hinrich.
Am Hafen | Tel (01 71) 6 24 09 73

Bootsfahrten

Zeesboot Marie Luise
Kontakt über Herrn Hinrichs.
Tel (01 71) 6 24 09 73

Große Boddenrundfahrten mit MS Bültenkieker
Über Ahrenshoop nach Wieck und zurück, mit Fahrradtransport, angelegt wird in Born, Bodstedt und Althagen.
Mitte Mai bis Anfang Sept. täglich um 9.45 Uhr, Ankunft um 18.45 Uhr | Abendfahrten jeden Sa in der Saison um 19 Uhr ab Wieck | Fahrgastbetrieb Kruse und Voß | Tel (03 82 20) 5 88 oder an Bord (01 72) 3 89 60 90 | www.boddenschifffahrt.de

Besondere Läden & Märkte

Töpferei am Müggenberg
Schöne Keramikgefäße meist aus leuchtendem Türkis.
Müggenberg 9 | Tel (03 82 33) 6 97 16 | Ostern bis Ende Okt. täglich ab 10.30 Uhr | außerhalb der Saison nach telefonischer Absprache

Biomarkt
Produkte der Region, meist aus biologisch kontrolliertem Anbau oder Aufzucht.
Vor der Darßer Arche | Mai–Okt. Mi/Sa 9–13 Uhr | www.sommerfrische-markt.de

Prerow (1600 Einw.)

Der gut besuchte Badeort liegt an der Nordseite der Halbinsel im Windschatten der Prerowbucht. Beliebt ist Prerow nicht nur wegen seiner Nähe zum **Darßwald,** sondern vor allem wegen seines traumhaften **Nordstrandes** (► Seite 81). Bis zu 90 Meter breit, weiß und feinkörnig lockt er im Sommer tausende Sonnenhungrige. Aber auch der wilde **Weststrand** (► Seite 81) ist mit einer schönen Wanderung schnell erreicht.

Prerows Ortskern erstreckt sich weitläufig und lang gezogen etwas landeinwärts und ist durch einen Küstenwald und den Prerowstrom vom Nordstrand getrennt. Die vielen Feriengäste, die sich im Sommer hier einmieten, haben dem Ostseebad nur wenig von seiner gemütlichen Atmosphäre geraubt. Vielerorts findet man einstöckige, reetgedeckte Häuser mit bunt geschnitzten Türen inmitten blumenreicher Gärten. In den letzten Jahren entstand neben zahlreichen neuen Hotels, Pensionen und Ferienwohnungen auch eine moderne Reha-Einrichtung. Der weiträumige Eindruck des Ortes hat geologische Gründe, die Einfluss auf die Ortsentwicklung hatten. So wurden die Häuserzeilen innerhalb des Ortskerns auf in Ost-West-Richtung verlaufenden erhöhten Dünenzügen, den Reffen, erbaut. Dazwischen befinden sich breite, feuchte und teils sumpfige von Wiesen sowie Gärten eingenommene Dünentäler, die Riegen (mehr zu Reffen und Riegen ► Seite 62).

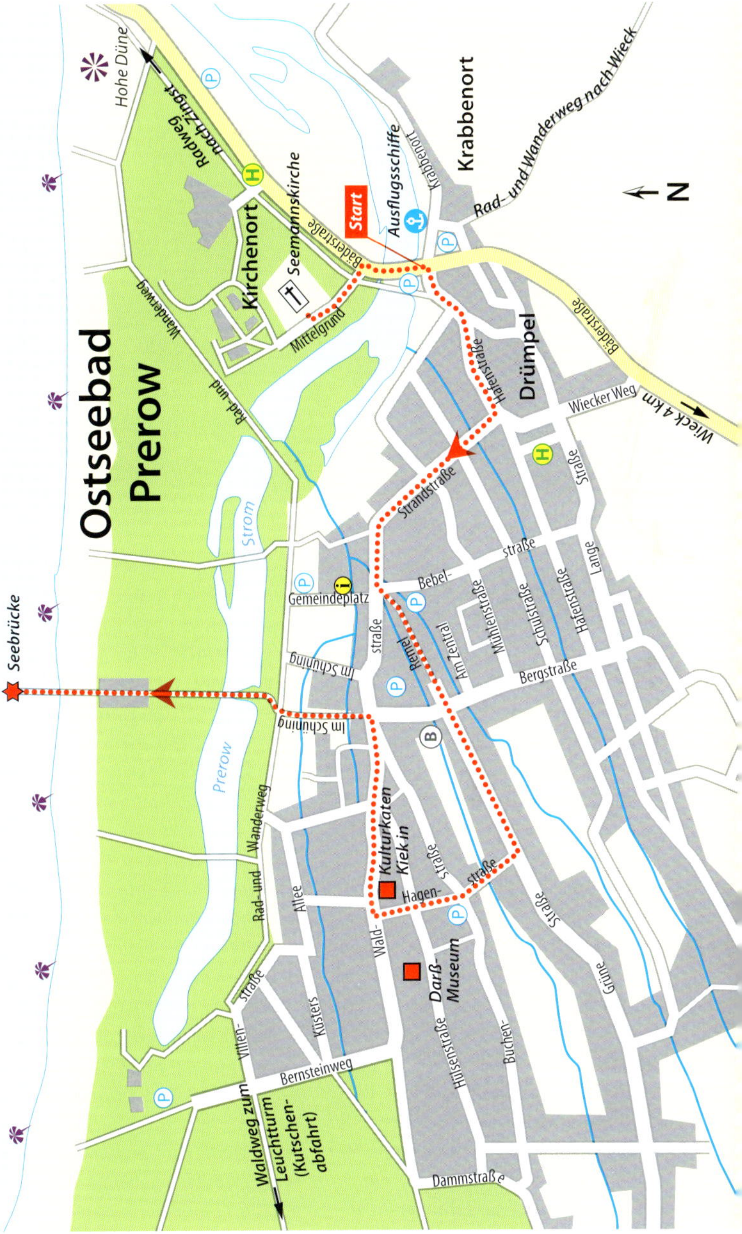
Ostsee
Ostseebad Prerow
Hohe Düne
Radweg nach Zingst
Seemannskirche
Kirchenort
Krabbenort
Ausflugsschiffe
Start
Bäderstraße
Rad- und Wanderweg nach Wieck
N
Mittelgrund
Wanderweg
Rad- und
Drümpel
Hafenstraße
Wiecker Weg
Wieck 4 km
Strandstraße
Strom
Gemeindeplatz
Bebel-
straße
Mühlenstraße
Schulstraße
Hafenstraße
Lange
Straße
Am Zentral
Remel
Im Schüning
Bergstraße
Seebrücke
Prerow
Kulturkaten Kiek in
Hagen-
straße
Wald-
straße
Allee
Rad- und Wanderweg
Darß-Museum
Grüne
Straße
Küsters
Villen-
Straße
Bernsteinweg
Hülsenstraße
Buchen-
Waldweg zum Leuchtturm (Kutschen-abfahrt)
Dammstraße

Die Seebrücke in Prerow ist 390 Meter lang

Früher verband der Prerowstrom die Ostsee mit dem Bodden und trennte den Darß von der Insel Zingst. Aus dieser Tatsache leitet sich auch der Name „Prerow" ab, der aus dem Slawischen stammt und sinngemäß „am Durchbruch liegend" bedeutet. Im 17. Jahrhundert entwickelte sich aus dem einstmals armen Bauerndorf Prerow ein wohlhabender Fischer- und Seefahrerort. Drei Werften und 106 Schiffskapitäne mit dem Patent für große Fahrt will man hier in der Mitte des 19. Jahrhunderts gezählt haben. Doch nach der verheerenden Sturmflut von 1872, die ganz Prerow unter Wasser gesetzt hatte, wurde beim Bau des Seedeichs 1874 die Mündung des Prerowstroms als Schutzmaßnahme zugeschüttet. Als Folge verlor der Ort seinen natürlichen Hafen und die zahlreichen ansässigen Fischer ihre Lebensgrundlage. Auch mit der Seefahrt ging es bergab. Um der daraus folgenden wirtschaftlichen Not zu entkommen, besannen sich die Einheimischen auf ihre landschaftlichen Vorzüge und gründeten das Seebad. Bald entstanden erste Pensionen und Hotels. Anfangs waren es nur einige hundert Badegäste und um 1910 (mit dem Bau der Darßbahn) bereits einige tausend. Zur DDR-Zeit entwickelte sich Prerow zu einem regelrechten Urlaubsmekka: Bis zu 80 000 Besucher zählte man hier pro Saison. Der heute „Regenbogencamp" genannte Campingplatz westlich von Prerow war auch damals schon legendär. Der Platz ist der einzige Ort an der Küste, an dem man inmitten der Dünen sein Zelt aufschlagen darf. Der Strand auf dieser Höhe war bereits zu DDR-

Zeiten eine FKK-Domäne. Noch heute bietet Prerow den größten FKK-Strand Deutschlands.

Spaziergang durch Prerow

(Karte ▸ Seite 77)

Etwas landeinwärts, am Altarm des Prerowstroms, findet man den alten Ortskern mit dem **Prerower Hafen.** Er ist der Ausgangspunkt für unseren Spaziergang durch Prerow. Der Hafen entstand erst nach der Schließung der Mündung des Prerowstroms 1874. Davor verband eine kleine Holzbrücke die beiden Ufer und noch früher verkehrte eine Fähre zwischen Darß und Zingst. Hier liegen die ältesten Ortsteile von Prerow, **Drümpel** und **Krabbenort.** Während der Name Drümpel, was „Haufen" bedeutet, auf die bäuerlichen Ursprünge Prerows verweist, erinnert der Name Krabbenort an die Niederlassung der Krabbenfischer, die früher an der Strommündung Garnelen als Köder für die Fische fingen. Heute liegen im Hafen Fischerboote vor Anker, Fahrgastschiffe und Zeesenboote starten zu Boddenrundfahrten.

Vom Hafen sind es nur wenige Meter zur ältesten Kirche der Halbinsel (Ausschilderung folgen). Die **Prerower Seemannskirche** steht hinter Bäumen versteckt jenseits des Stroms und somit nicht auf Darßer, sondern auf Zingster Boden. Für die Darßbewohner war daher der Besuch des Gottesdienstes bis zur Schüttung des Dammes 1874 mit einer umständlichen Fährfahrt verbunden.

Wieder zurück am Hafen erreichen wir über Hafenstraße und dann rechts in die Strandstraße schnell das **Ortszentrum.** Der größte Teil des touristischen Lebens spielt sich rund um die **Waldstraße** ab. Hier befinden sich alle wichtigen Geschäfte, diverse Hotels sowie Restaurants als auch das Darßmuseum und die Kurverwaltung. Am Beginn der Waldstraße zweigt linker Hand ein schmaler Weg namens Remel ab. Dieser führt in die Grüne Straße, in der neben freundlichen Einfamilienhäusern eine Reihe alter Schifferhäuser mit bunten Haustüren (▸ Seite 20) stehen (z. B. Nr. 13, 16, 33). Besonders augenfällig ist das reetgedeckte „Eschenhaus" (Nr. 8) von 1779 mit seiner schönen Tür von 1840. Hier lebte bis zu seinem Tode der Darßmaler Theodor Schultze-Jasmer. Eine kleine Querverbindung, die Hagenstraße, führt uns vorbei an alten Wiesengehöften von der Grünen Straße zur Buchenstraße, wo weitere schöne Schifferhäuser zu entdecken sind (z. B. Nr. 12, 20, 26). Auffällig ist der zum Tulpenstrauß stilisierte Lebensbaum an der Tür in der Buchenstraße 26, der für Lebenskraft steht. Über die Hagenstraße kommen wir wieder zur Waldstraße. Auf ihr gehen wir zuerst einige Meter nach links und erreichen das **Darßmuseum.** Nach dem Besuch geht's nach rechts vorbei am **Kulturkaten** „Kiek in", der 2008 einen modernen Anbau erhalten hat. Bald darauf wechseln wir die Straßenseite und biegen in den Weg „Im Schüning" ein, der uns durch die Niederung des Prerowstroms führt. Den Dünenwald hinter uns lassend, gelangen wir über eine Bummel-

★ Leuchtturm und Natureum Darßer Ort ☺

Der über 35 Meter hohe **Leuchtturm** wurde Anfang 1849 in Betrieb genommen und war bis 1978 von einem Leuchtturmwärter besetzt. Heute ist er das älteste noch in Betrieb befindliche Leuchtfeuer an der Ostseeküste. Über 126 Stufen einer gusseisernen Wendeltreppe gelangt man zur Aussichtsplattform. Von hier oben bietet sich ein grandioser Rundblick, nicht nur über die abwechslungsreiche Naturlandschaft der Halbinsel, bei gutem Wetter sogar bis Hiddensee und Rostock. In den Nebengebäuden des Leuchtturms ist eine Außenstelle des Deutschen Meeresmuseums Stralsund, das **Natureum,** untergebracht. Zu sehen sind ein kleines Aquarium, eine Ausstellung über die regionaltypische Dünenbildung und Verlandung sowie über die Tiere und Pflanzen der Region. Das Museumscafé im Hof lädt mit leckerem (und preiswertem) Kuchen zur Rast, ist allerdings nur zu besuchen, wenn man den Eintritt zur Ausstellung entrichtet.

Tel (03 82 33) 3 04 | Mai–Okt. täglich 10–18 Uhr | Nov.–Apr. Mi–So 11–16 Uhr | Eintritt 4 €, ermäßigt 3 € | www.meeresmuseum.de

Anfahrt

Das Areal ist nicht mit dem Auto erreichbar. Von Prerow sind es 5 km zu Fuß (Tour ▸ Seite 126) oder per Rad. Eine bequeme Alternative bieten Kremserfahrten vom westlichen Ortsrand in Prerow (Karte ▸ Seite 77) oder man nimmt in Prerow die Darßbahn (touristische Bahn auf Gummirädern, hält z. B. an der Touristeninformation), die bis zum Nothafen fährt. Die restlichen 2,5 km bis zum Leuchtturm dann zu Fuß.

meile mit Souvenirläden und Imbissbuden zur 390 Meter langen **Seebrücke.** Im Sommer lässt sich vom Brückenkopf beobachten, wie die Sonne an der Spitze des Darßer Ortes ins Wasser taucht.

Sehenswertes

Darßmuseum ☺

Im Museum kann sich der Besucher über den Werdegang des über 125 Jahre alten Badewesens und über die handwerklichen Traditionen vom Darß informieren. Zudem gibt die Ausstellung interessante Einblicke ins Seemannsleben. Neben Informationen zu Natur und Meer kann man auch eine historische Seemannsküche samt Zimmer besichtigen. Führungen (Di 10 Uhr), Museumswerkstatt für Kinder, Pilzberatungsstelle.

Waldstraße 48 | Tel (03 82 33) 6 97 50 | Mai–Okt. Di–So 10–17 Uhr, Nov.–März Fr–So 13–17 Uhr, Apr. Mi–So 10–17 Uhr | www.darss-museum.de

Seemannskirche

Die älteste Kirche der Halbinsel wurde zur Schwedenzeit 1728 fertig gestellt. Der Innenraum der roten Backsteinkirche mit dem hölzernen Kirchturm ist in den Wasserfarben Blau, Grün und Grau gehalten. Von der Decke hängen Schiffsmodelle, die als Votivgaben für erhoffte oder geglückte Rettung aus Seenot gestiftet wurden.

Infos über Pastorat | Kirchenort 1 | Tel (03 82 33) 6 91 33 | Mo–Sa 10–18 Uhr, So 13–18 Uhr

Nordstrand

Der Nordstrand bei Prerow kann zu Recht von sich behaupten, einer der schönsten Strände an der Ostseeküste zu sein. Knapp 5 Kilometer lang und bis zu 90 Meter breit zieht sich das feinsandige Badeparadies hin. Das Ufer fällt flach ab und ist deshalb für Familien besonders geeignet. Die bewachten Abschnitte sind in der Nähe der Seebrücke. Hier ist der Strand auch oft überlaufen, etwas ruhiger geht es auf der nordwestlichen Seite (Richtung Nothafen am Darßer Ort) zu. FKK- und Hundeabschnitte schließen sich in Richtung Osten hinter der Hohen Düne und im Westen nach dem Ortsausgang an.

★ Darßer Weststrand

(Tour ▸ Seite 130, Karte ▸ Seite 128)

Windumtost, wildromantisch und sich immer wieder erneuernd: Der 12 Kilometer lange Darßer Weststrand gehört zu den eindrucksvollsten Stränden der gesamten Ostseeküste. Und nicht nur der Ostseeküste: Der deutsch-französische Sender ARTE zählte ihn 2006 zu den zwanzig markantesten Stränden der Welt. Vom Wind bizarr geformte Bäume, so genannte Windflüchter, beugen sich über spärlich bewachsene Dünen. Im feinen Sand sammelt sich hier und da von Wind und Strömung angetragenes Strandgut. Hinter dem Weststrand erstreckt sich der dichte, urwüchsige Darßwald. Da der Strand sehr exponiert liegt und schweren Stürmen ausgesetzt ist, brechen immer wieder Stücke aus dem Ufer – einschließlich der Bäume, die am Küstensaum wachsen. Wurzeln, Äste und Baumleichen bedecken hier den den weißen Sand. An dem Küstenabschnitt wird Sand abgetragen und mit der Strömung nach Norden getrieben. Jahr für Jahr schrumpft der Weststrand so mehr und mehr. Am Darßer Ort (Tour ▸ Seite 126) werden die Sandmassen wieder angelagert. Auch die Hohe Düne von Pramort (▸ Seite 87) ist aus dem Sand der Westküste entstanden.

Der Weststrand kann nur zu Fuß oder mit dem Fahrrad über ausgeschilderte Wanderwege durch den Darßwald erreicht werden. Oder man wandert von Ahrenshoop aus einfach immer am Strand entlang. Parkplätze befinden sich in den Ortslagen von Ahrenshoop, Born, Wieck und Prerow sowie bei Drei Eichen am Südrand des Darßwaldes (Karte ▸ Seite 128). Wegen seiner abgeschiedenen Lage und dem breiten, feinkörnigen Sandstrand ist der Weststrand ein beliebtes FKK-Refugium.

PRAKTISCHE TIPPS

Information

Kur- und Tourismusbetrieb
Information und Zimmervermittlung.
18375 Prerow | Gemeindeplatz 1 | Tel (03 82 33) 61 00 | Juni–Sept. täglich 9–19 Uhr, verkürzte Öffnungszeiten in der Nebensaison | www.ostseebad-prerow.de

Parken

Kostenpflichtige Parkplätze am östlichen sowie westlichen Ortsrand, Parklücken im Ort sind in der Saison schwierig zu finden.

Hotels & Pensionen

Hotel Bernstein
Modernes 4-Sterne-Hotel direkt am Darßwald mit gutem Service, Puria Classic Spa Wellnessbereich mit Sauna und Dampfbädern, beheiztem Außenpool, Minigolf, Fahrradverleih, 127 exklusiv ausgestattete Zimmer und Suiten.
Buchenstraße 42 | Tel (03 82 33) 6 40 00 | Nov.–März Winterpause | €€–€€€ | www.tc-hotels.de

Hotel-Residenz Rennhack
Modernes 4-Sterne-Hotel unterm Reetdach (1998 erbaut), Fischrestaurant im Haus, Sauna, Fahrradverleih, Kaminzimmer, Sonnenterrasse, 17 komfortable Zimmer und Suiten, Stilmöbel.
Hagenstraße 1 | Tel (03 82 33) 70 00 | €€| www.residenz-rennhack.de

Ginkgo Mare
Bio-Hotel (seit 2011) mit modern eingerichteten 13 Zimmern, mit Holzböden, Bio-Frühstück, 10 Minuten vom Nordstrand entfernt, hat sich ganz dem gesunden Leben verschrieben: Sauna, Yoga, Heilfasten, TaiChi und vieles mehr.
Buchenstraße 41a | Tel (03 82 33) 70 13 | €€€ | www.ginkgomare.de

Carpe Diem
Wellnesshotel mit meditativem Ambiente, 10 Zimmer und Appartements mit hochwertiger Ausstattung, ayurvedische u. a. Angebote.
Grüne Str. 31b | Tel (03 82 33) 70 80 | €€ | www.carpe-diem-prerow.de

Hotel Waldschlösschen
1890 in englischem Landhausstil erbaut, 33 freundlich möblierte Zimmer, großer Wellnessbereich mit Meerwasser-Hallenbad, Saunen, Restaurant mit ausgezeichneter Küche, obligatorische Halbpension.
Bernsteinweg 9 | Tel (03 82 33) 61 70 | €€€ | www.waldschloesschen-prerow.de

Pension Voß
Sympathische Herberge in ehemaliger „Villa Holzerland“ aus dem Jahr 1895, liegt im Wäldchen 500 m vom Strand entfernt, Blick auf Prerowstrom und Hafen, 20 Zimmer mit einfacher Ausstattung über mehrere Gebäude verteilt, netter Service.
Villenstraße 6 | Tel (03 82 33) 6 01 36 und 6 01 37 | € | www.pension-voss-prerow-darss.de

Ferienwohnungen

Ferienhäuser und -wohnungen ohne Ende, viele sind über die Zimmervermittlungen zu buchen:

Am naturbelassenen Darßer Weststrand

Zimmerbörse Prerow
Vermittlung von Ferienhäusern und Ferienwohnungen.
Strandstraße 24 | Tel (03 82 33) 6 92 01 | Mai–Okt. tägl. 10–12 und 14–18 Uhr, Nov.–April Mo–Fr 10–17 Uhr | www.zimmerboerse-prerow.de | www.prerow-ferienhaeuser.de

FerienService Prerow
Vermietung von Ferienhäusern und Ferienwohnungen.
Am Zentral 17 | Tel (03 82 33) 7 17 76 | www.ferienservice-prerow.de

Haus am Deich
Moderne Schwedenhäuser in Strandnähe, Korb- und Holzmöbel, teils Balkon/Terrasse.
Hafenstraße 3a | Tel (03 82 33) 3 42 | FeWo ab 55 € | www.haus-am-deich.de

Residenz Kormoran
17 Ferienhäuser am Darßwald, teilweise reetgedeckt, modern eingerichtet, Sauna und Internet-Café.
Grüne Straße 45 a–r | Tel (03 82 33) 63 00 | FeWo ab 65 € | www.residenz-kormoran.de

Haus hinter den Dünen ☺
Moderne Ferienanlage in Strandnähe, Kinderspielplatz, Gartentischtennis, Sauna, Minigolf, Kiefernholzmöbel, Terrasse/Balkon.
Bernsteinweg 6 | Tel (03 82 33) 70 60 | App. ab 56 € | www.haus-hinter-den-duenen.de

Camping

Regenbogen Camp
Ganzjährig, 800 Stellplätze für Wohnmobile und Zelte, direkt am Strand gelegen, Campen am Strand

möglich (auch FKK), Vermietung von eingerichteten Wohnwagen möglich. Kinderanimation, Einkaufsmöglichkeiten, Kino, Sauna, Segeln, Surfschule, Angeln etc.
Bernsteinweg 4–8 | Tel (03 82 33) 3 31 | www.regenbogen-camp.de

Essen & Trinken

Seegasthof am Hafen
Preisgekrönte Gaststätte mit rustikal-maritimem Flair und fangfrischem Fischangebot.
Lange Straße 2| Tel (03 82 33) 3 28 | täglich ab 12 Uhr | www.prerow.de/hafen

Teeschale
Gemütliche Teestube in denkmalgeschütztem Kapitänshaus, auswählen kann man zwischen 130 Teesorten, dazu gibt es selbstgebackenen Kuchen.
Waldstraße 50 | Tel (03 82 33) 6 08 45 | in der Saison täglich 12–22 Uhr | www.teeschale-prerow.de

Seeblick
Zweistöckiges Fachwerkhaus an der Seebrücke, von der Dachterrasse Blick aufs Meer, besonders gute Fischküche, sehr beliebt, im Sommer einige Tage vorher reservieren.
An der Seebrücke | Tel (03 82 33) 3 48 | Apr.–Okt. und zum Jahreswechsel täglich 11.30–22 Uhr | www.wolff-prerow.de

Darßer Leuchtturm
Eine der ältesten Gaststätten des Ortes, das Angebot reicht von frischen Ostseeheringen über gedünstetes Seelachsfilet bis hin zur edlen Seezunge.
Waldstraße 5a | Tel (03 82 33) 4 48 | Di–So ab 11.30 und ab 17.30 Uhr, Nov.–Jan. geschlossen | www.darsser-leuchtturm.de

Binnen und Buten
Beliebte Fischgaststätte mit rustikaler Holzeinrichtung unterm Rohrdach, Spezialitäten von fangfrischem Fisch, im Sommer Live-Musik im Biergarten.
Hauptübergang 2a | Tel (03 82 33) 6 01 88 | täglich 12–22 Uhr

Titania
In dem Feinschmeckerlokal werden raffinierte Fischgerichte serviert, auch Wildgerichte, große Weinauswahl, gehobene Preise, im Hotel Waldschlösschen (▸ Seite 82).
Tel (03 82 33) 61 70 | täglich ab 7.30 Uhr

Nachtleben

Dünenbar
Schicke Tanzbar im Dünenhaus direkt an der Seebrücke, gute Cocktails, gemischtes Publikum.
Hauptübergang 15 | Tel (03 82 33) 7 04 77 | Mai–Aug. täglich ab 21 Uhr

Aktivitäten

Fahrradverleih Wiedner
Außerdem Vermietung von Bollerwagen und Go-Cards.
Grüne Straße 20a und 2b | Tel (03 82 33) 6 01 87

Reittouristik Jennerjahn
Geführte Ausritte, Reitkurse.
Mühlenstraße 13 | Tel (03 82 33) 6 01 60

Kutsch- und Kremserfahrten Alfred Kayserling
Schmiedeberge 20 | Tel (03 82 33) 6 02 78

Tennisplatz im Hotel Bernstein
Außenanlage
Buchenstraße 42 | Tel (03 82 33) 6 40

Wellness

Puria Classic Spa im Hotel Bernstein
Dampfbäder und beheizter Außenpool.
Buchenstraße 42 | Tel (03 82 33) 6 40 00 | Nov.–März geschlossen

Vitalis Spa im Hotel Waldschlösschen
Wellness auf 520 qm mit verschiedenen Saunen und Salzwasserschwimmbad.
Bernsteinweg 4 | Tel (03 82 33) 61 70

Bootsfahrten

Mississippidampfer River Star
Schiffsrundfahrten ab Hafen Prerow entlang des Prerowstroms zum Bodstedter Bodden und retour.
März–Mai/Sept.–Nov. täglich 11.30/14.30/16.30 Uhr, Juni–Aug. täglich 11/14/16/18.30 Uhr | Reederei Poschke | Tel (03 82 34) 2 39 | www.reederei-poschke.de

MS Ostseebad Prerow
Boddenrundfahrten ab Hafen Prerow.
Juni–Aug. täglich 10/13/15/17 Uhr und März–Mai/Sept.–Nov. 10.30/13.30/15.30 | Sept.–Okt. ab 17.30 Uhr Kranichfahrten | Reederei Rasche | Tel (03 82 34) 2 10 | www.reederei-rasche.de

Surfen & Segeln

UST – Surf- und Segelschule
Kurse, Verleih, Surfshop, Surfstrand am Regenbogen-Campingplatz direkt in den Dünen.
Tel (03 82 33) 6 94 94 | www.unisurfteam.de

Kultur

Kulturkaten „Kiek in"
Die anspruchsvolle Kleinkunstbühne im alten reetgedeckten Kapitänshaus hat einen modernen Anbau erhalten, zeigt Kabarett, Theater, Konzerte, Lesungen und wechselnde Ausstellungen.
Waldstraße 42 | Tel (03 82 33) 6 10 25 | März–Okt. und zum Jahreswechsel

Cinema-Prerow
Professionellstes Kino der Halbinsel, täglich bis zu 5 Filmvorführungen, im Sommer auch Vorführungen im Bernsteinweg beim Fischerstrand.
Waldstraße 5 | Tel (03 82 33) 6 01 41 | www.kino-prerow.de

Besondere Läden & Märkte

Atelier für Bernsteinkunst
Einzigartige Kunstwerke und fantasievolle Skulpturen aus Bernstein.
Bergstraße 1 | Tel (03 82 33) 7 08 32 | Mo–Sa 10–20 Uhr

Nordische Buch- und Kunsthandlung
Neben Büchern auch Kunstgewerbe und Webereien.
Bernsteinweg 2 | Tel (03 82 33) 2 82

Biomarkt
Auf dem Gelände vom Kulturkaten „Kiek in" | Mai–Okt. Mo 9–13 Uhr

Der Zingst

Östlich vom Darß erstreckt sich über 20 Kilometer die flache Landzunge des Zingst. Der Zingst bietet lange Strände, ein geschäftiges Ostseebad und viel geschützte Natur. Mit Ausnahme des Ostseebads gehört der gesamte Zingst zum **Nationalpark Vorpommersche Boddenlandschaft.**

Der Name „Zingst" leitet sich vermutlich von dem slawischen Wort „seno" ab, was soviel wie Heu bedeutet und auf die weitläufigen Wiesen verweist, die jahrhundertelang als Viehweiden dienten. Durch die starke Beweidung entstanden im Laufe der Zeit die typischen, von Wassergräben durchzogenen Salzwiesen. Auf dem Zingst gibt es auch größere Waldgebiete wie den 800 Hektar großen **Osterwald** in östlicher oder das moorige Waldgebiet des **Freesenbruchs** (Tour ▸ Seite 132) in westlicher Richtung. Der feinsandige Zingster Strand zieht sich schnurgerade an der Ostseeküste entlang, bis er sich an der **Hohen Düne** bis zu 12 Metern auftürmt.

Jenseits des Osterwaldes erstreckt sich die **Sundische Wiese.** Ihr Name

Kranichzug

ist vom früheren Eigentümer abgeleitet, der Stadt Stralsund. Diese besaß das Grasland vom 13. Jahrhundert bis 1902. **Pramort** markiert das äußerste Ende der Halbinsel. In der Bodden- und Wattlandschaft davor liegen die Vogelschutzinseln **Kirr, Oie** sowie **Großer** und **Kleiner Werder.** Die Salzwiesen, Boddengewässer und Wattlandschaften sind bedeutende Rastplätze für Zugvögel. Im Frühjahr und Herbst kann man ein überwältigendes Naturschauspiel beobachten, wenn sich hier zehntausende Kraniche niederlassen (► Seite 137).

Bis 1874 war der Zingst eine Insel. Durch die große Sturmflut von 1872 versandete der Prerowstrom und wurde zwei Jahre später zugeschüttet. Seither schützt sowohl auf der See- als auch auf der Boddenseite ein Seedeich das Land. Doch der Zingst ist eine Landschaft im Wandel: Bei Pramort am Ostzipfel wächst die Landzunge stetig in das dortige Watt hinein. Eines Tages wird so der Zingst mit der Insel Großer Werder verbunden sein.

Zingst (3200 Einw.)

Das Ostseebad Zingst ist der größte und touristischste Ort der Halbinsel. Weitläufig erstreckt sich das stattliche Familienbad zwischen Ostsee und Bodden. Im Sommer, wenn alle 10 000 Gästebetten ausgebucht sind, verwandelt sich der sonst beschauliche Ort in einen gut bevölkerten Tummelplatz. Neben vielseitigen kulturellen und sportlichen Angeboten sind es vor allem die herrliche Lage, der feine Strand und die stille Boddenlandschaft, die die Beliebtheit des Ortes ausmachen.

Zingst war 1823 aus der Zusammenlegung der kleinen Boddensiedlungen Hanshagen, Pahlen und Rotes Haus entstanden, womit auch die auffallend große Ausdehnung des Seebades zu erklären ist. Zur Blütezeit des Seehandels Anfang des 19. Jahrhunderts brachte es das Seefahrerdorf zu ansehnlichem Wohlstand. Durch die abgeschiedene Lage der damaligen Insel Zingst kamen erst Mitte des 19. Jahrhunderts erste Feriengäste hierher. Als mit dem Aufkommen der Dampfschifffahrt viele der alten Segelschiffskapitäne brotlos wurden, gründeten sie 1881 ein „Comité zur Einführung des Badewesens". Diese Vermarktungsstrategie hatte Erfolg und Zingst entwickelte sich zum größten Badeort der Halbinsel. Der Bauboom ist seither ungebrochen. In den vergangenen Jahren schossen in Zingst exklusive Hotelkomplexe und Ferienhauskolonien wie Pilze aus dem Boden. Dies geschah zwar auf Kosten des Ortsbildes, aber so bietet sich selbst zur Hochsaison die Chance, relativ kurzfristig ein Urlaubsbett zu ergattern. Vom alten Seefahrerdorf sind nur noch Bruchstücke zu finden.

Spaziergang durch Zingst

(Karte ▸ Seite 89)

Unser Spaziergang beginnt am Bodden, wo der hübsche, modern ausgebaute Hafen liegt. Zur Zeit der Segelschifffahrt herrschte hier ein reges Treiben, denn Zingst besaß nach Barth und Stralsund die meisten Schiffe. Heute starten hier Ausflugsschiffe, die über den Zingster Strom in den Bodden und sogar zur Insel Hiddensee fahren. Über die Hafenstraße verlassen wir den Hafen und biegen dann links in die Jordanstraße. Nach einigen Metern treffen wir auf einen kleinen Kreisverkehr, von dem in nördlicher Richtung die **Strandstraße** abzweigt. Die Strandstraße gehört mit einer Anreihung von Galerien, Souvenirshops und Restaurants zu den Hauptbummelmeilen des Badeortes. Von den historischen Schifferhäusern, die sie einst zierten, sind heute nur noch einige zu entdecken. In der Strandstraße Nr. 19, dem Haus Morgensonne, ist heute das **Heimatmuseum** untergebracht. Zu den ältesten erhalten gebliebenen Häusern gehören in der Strandstraße die Nr. 7 und Nr. 12. In der 12 befindet sich auch ein schönes

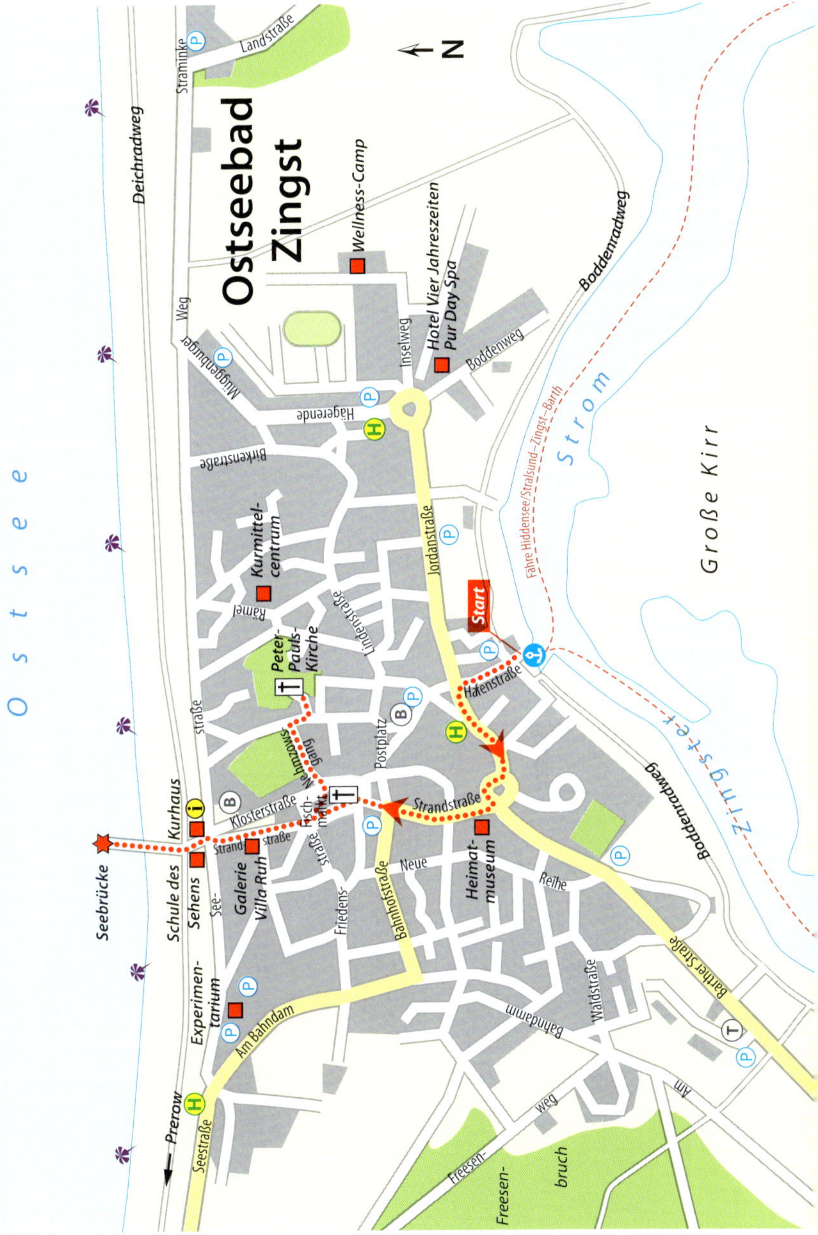
Ostseebad Zingst
N
Ostsee
Deichradweg
Seebrücke
Schule des Sehens
Kurhaus
Experimentarium
Galerie Villa Ruh
Strandstraße
Klosterstraße
Fischmarkt
Peter-Pauls-Kirche
Kurmittelcentrum
Wellness-Camp
Hotel Vier Jahreszeiten Pur Day Spa
Heimatmuseum
Start
Hafenstraße
Jordanstraße
Bahnhofstraße
Am Bahndamm
Seestraße
Prerow
Straminke
Landstraße
Müggenburger Weg
Hägerende
Birkenstraße
Rämel
Lindenstraße
Postplatz
Neue Reihe
Friedensstraße
Seestraße
Inselweg
Boddenweg
Boddenradweg
Barther Straße
Bahndamm
Waldstraße
Am
Freesenweg
Freesenbruch
Fähre Hiddensee/Stralsund–Zingst–Barth
Strom
Zingster Strom
Große Kirr

Café mit Rosengarten. In der Nr. 6 erinnert eine Flutmarke an das Sturmhochwasser von 1872, das auch in Zingst schwere Schäden und Landverluste verursachte. Die Bahnhofsstraße, die kurz vor dem Fischmarkt nach links abbiegt, ist noch ein Relikt aus jener Zeit, als Zingst an die Darßbahn nach Barth angeschlossen war. Deren Gleise wurden 1945 als Reparationsleistung abgebaut. Nach langem politischem Ringen wurde 2011 der Wiederaufbau der Darßbahn beschlossen. Baubeginn soll 2014 sein. Der Abschnitt zwischen Zingst und Barth könnte dann bereits 2016 in Betrieb genommen werden. Unser Weg führt uns weiter auf der Strandstraße geradewegs zur neuen 270 Meter langen **Seebrücke.** Bevor unser Spaziergang am Brückenkopf mit einem schönen Ausblick endet, kommen wir am neuen **Kurhaus** (2000) vorbei, in dem zahlreiche Veranstaltungen und Ausstellungen stattfinden. An der neu gestalteten **Deichpromenade** reihen sich moderne Hotels und Appartementhäuser aneinander. Der Deich selbst ist Teil des Schutzsystems, das aus Buhnen, Düne, Schutzwaldstreifen und Deich besteht und den schmalen Zingst vor Sturmfluten schützt.

Sehenswertes

Peter-Pauls-Kirche

Die schlichte, turmlose Kirche liegt etwas versteckt. Folgt man der Strandstraße, muss man beim Fischmarkt in den Nehmzowsgang einbiegen, der geradewegs zur Kirche führt. Sie wurde im Jahr 1862 von dem Berliner Hofbaumeister Friedrich August Stüler, einem Schüler Schinkels, im

Blauer Katen in Zingst

neugotischen Stil erbaut. Auf dem Friedhof dahinter befindet sich das weiße Grabkreuz der Heimatdichterin Martha Müller-Grählert, die 1908 mit dem Liedtext „Wo de Ostseewellen trecken an den Strand" im norddeutschen Raum bekannt wurde.
Info über Pastorat | Kirchweg 8 | Tel (03 82 32) 1 52 26 | Mai–Okt. täglich | www.ev-kirche-zingst.de

Heimatmuseum Haus Morgensonne ☺

In einem hübschen alten Kapitänshaus untergebracht, dokumentiert die Ausstellung Wissenswertes und Kurioses über die Zingster Geschichte, wie z. B. die Wiege, in der ein Kleinkind einst bei der großen Sturmflut vor dem Ertrinken gerettet wurde. Ein Zimmer ist auch der Heimatdichterin Martha Müller-Grählert gewidmet.
Strandstraße 1 (am Kreisel) | Tel (03 82 32) 1 55 61 | Apr.-Okt. Mo–Sa 10–17, Apr.-Juni auch So 14–17 Uhr, Nov.-März Di/Do/Sa 10–16 Uhr, Jan. geschlossen

Pommernstube/Bernsteinzimmer

Schaumanufaktur von traditionellem Handwerk mit Workshops, im Dachgeschoss befindet sich das sehenswerte Bernsteinzimmer.
Strandstraße 3 | Tel (03 82 32) 8 97 70 | Mai- Okt. täglich 10–18 Uhr, Nov–Apr. Mo/ Mi/Fr/Sa 10–17 Uhr, www.pommernstube-zingst.de

Seenotrettungsschuppen

In dem Backsteinbau von 1875 befindet sich eine kleine Ausstellung rund um die Seenotrettung.
Strandstraße | Tel (03 82 32) 1 53 50 | tagsüber geöffnet | Eintritt frei

Informationszentrum des Nationalparks Vorpommersche Boddenlandschaft, Sundische Wiese

Die Ausstellung „Lebensräume" erklärt die natürliche Dynamik des Gebietes. 9 km von Zingst entfernt (Radtour ▸ Seite 134). Mo–Fr fährt von Zingst (zentrale Haltestelle) einmal am Tag die Buslinie 210 zur Sundischen Wiese.
Sundische Wiese | Tel (03 82 34) 50 20 | Apr.-Sept. täglich 10–17 Uhr, Okt.-März täglich 10–16 Uhr | Eintritt frei | www.nationalpark-vorpommersche-boddenlandschaft.de

Strand

Der lange, feinsandige, 10 Meter breite Strand zieht sich von Prerows Nordstrand bis weit hinter das Ostseebad. 2 Kilometer östlich von Zingst ist der Strand gesperrt, da hier die Kernzone des Nationalparks beginnt. Bewachte Textilstrände mit Strandkorbarealen im Ortsbereich, FKK-Abschnitte an den Strandaufgängen 5 und 14 sowie außerhalb des Ortes.

PRAKTISCHE TIPPS

Information

Kurhaus

Das Kurhaus befindet sich direkt auf dem Deich bei der Seebrücke, maritimes Restaurant, Veranstaltungen, Ausstellungen, Informationen zur Region.
18374 Zingst | Seestraße 56 | Tel (03 82 32) 8 15 80 | täglich 9–21 Uhr | www.zingst.de

Max Hünten Haus
Informationen zu Zingst und Region.
Schulstraße 3 | (03 82 32) 16 51 10 | täglich 10-18 Uhr

Parkplätze

Parklücken sind eher schwierig zu finden. Kostenpflichtige Parkplätze an den Ortsrändern.

Übernachten

Zimmervermittlung der Kur- und Tourismus GmbH
Auch FeHäuser und FeWo.
Am Bahndamm 71 | Tel (03 82 32) 8 15 21 | www.zingst.de

Zingster Zimmerbörse
Ferienunterkünfte aller Art.
Strandstraße 51 | Tel (03 82 32) 8 93 97 | www.zingster-zimmerboerse.de

Hotels & Pensionen

Steigenberger Strandhotel
Neubau (2006) im Retro-Bäderstil, an der Seebrücke, 117 Zimmer, 1400 qm Wellnessbereich. Gegenüber liegt das etwas einfachere, aber familienfreundlichere Steigenberger Aparthotel mit 103 App.
Seestraße 60 | Tel (03 82 32) 8 42-1 00 | Neubau €€-€€€ | Aparthotel €€ | www.strandhotel-zingst.steigenberger.de

Vier Jahreszeiten ☺
First-Class-Hotelneubau (2004) mit 95 Zimmern und Suiten, familienfreundlich (Kinderbetreuung, -animation), großer Wellness- und Beautybereich, Restaurants, Bars.
Boddenweg 2 | Tel (03 82 32) 17 40 | €€-€€€ | www.vier-jahreszeiten.de

Meerlust
Prämiertes Wellnesshotel mit 35 Zimmern, Salzwasserschwimmbad, Saunen, Beautyfarm, Massagen, geräumigen Zimmern und Feinschmeckerrestaurant.
Seestraße 72 | Tel (03 82 32) 88 50 | €€€ | www.hotelmeerlust.de

Hotel Marks
Modernes Hotel (1994) auf Waldgrundstück am Bodden, ausgezeichnet als nationalparkfreundliches Hotel, 21 Zimmer in warmen Farben und mit Rattanmöbeln ausgestattet.
Jordanstraße 7 | Tel (03 82 32) 1 61 40 | €€ | www.hotel-marks.de

Hotel Meeresrauschen
Familiär geführtes Hotel direkt hinterm Deich, auffälliger achteckiger Bau, mit Restaurant und Garten, teilweise mit Ostseeblick.
Seestraße 51 | Tel (03 82 32) 13 01 | €€ | www.hotel-meeresrauschen.de

Schlösschen Sundische Wiese ☺
Kleines familiäres 4-Sterne-Hotel in ehemaligem Jagdschlösschen (1900) 8 km außerhalb von Zingst direkt am Nationalpark im Osterwald, idealer Ausgangspunkt für Kranichtouren, Restaurant, sehr freundlicher Service, Sauna, Fahrradverleih, Kinderspielplatz, Zimmer und App.
Landstraße 19 | Tel (03 82 32) 81 80 | €€-€€€ | www.hotelschloesschen.de

Ferienwohnungen

Die Gemeinde Zingst bietet mit Abstand die meisten Ferienwohnungen auf der Halbinsel an.

Ferienpark Freesenbruch
Weitläufige Anlage mit komfortablen App., FeHäusern und FeWo, mitten im Nationalpark, große Spielwiese, Schwimmbad, Sauna.
Schwalbenweg | Tel (03 82 32) 16 00 | FeHäuser ab 108 € | FeWo ab 82 € | www.freesenbruch-zingst.de

Achtern Diek am Strand
Neues Reetdachhaus direkt am Strand, ruhig gelegen, 2 FeWo mit Balkon/Terrasse, modern eingerichtet.
Buchung über Inge Buttlar | Tel (0 56 85) 18 99 | FeWo ab 65 € | www.inge-buttlar.de

Camping

Wellness-Camp Düne 6 ☺
Ganzjährig, 5-Sterne-Campingplatz auf schönem Wiesenplatz, 200 m zum Strand, kinderfreundlich, im Sommer auch Kinderanimation, chlorfreie Schwimmhalle, Saunalandschaft und Fitness (gratis für Gäste), Restaurant, Friseur, Spielplatz, Surfschule, Fahrradverleih.
Inselweg 9 | Tel (03 82 32) 1 76 17 | www.wellness-camp.de

Am Freesenbruch
Ganzjährig, preiswertes Camping auf idyllischem Platz hinterm Deich, 50 m vom Strand, Sauna, Fitness, Fahrradverleih, Kinderspielplatz.
Am Bahndamm 1 | Tel (03 82 32) 1 57 86 | www.camping-zingst.de

Jugendherberge

JH Zingst
Bungalows, Bettenhäuser im Grünen zentral im Ort, 10 Min. zum Strand, Klubräume, Bibliothek, Billard, Sport- und Grillplatz, Fahrrad- und Kanuverleih.

Fischerboot am Zingster Strand

Glebbe 14 | Tel (03 82 32) 1 54 65 | € | www.djh-mv.de

Essen & Trinken

Restaurant Meerlust
Feinschmeckerrestaurant im Hotel Meerlust (► Seite 92), stilvolles Ambiente, gehobene Preise.
Seestraße 72 | Tel (03 82 32) 88 50 | 7.30–22 Uhr

Skipper
Restaurant in einer weißen Villa an der Strandpromenade, maritimes Geschirr an Decken und Wänden, Fischgerichte und Fleisch vom Lavasteingrill, Reservierung empfohlen.
Strandstraße 53 | Tel (03 82 32) 1 56 80 | täglich ab 11.30 Uhr

Café Rosengarten
Im reetgedeckten Katen mit romantischem, duftendem Rosengarten, selbstgebackene Kuchen, kleine Abendkarte ab 18 Uhr.
Strandstraße 12 | Tel (03 82 32) 8 47 04 | in der Saison Di–So ab 14 Uhr | www.caferosengarten.net

Kranichrast
Fachwerkhaus mit heller Gaststube und Terrasse an einem Teich gele-

Seh-Ort Zingst

An verschiedenen so genannten Seh-Orten wird in Zingst Fotografie präsentiert. Neben den aufgeführten Orten sind ständige Ausstellungstätten im Kurhaus, im Steigenberger Hotel, im Hotel Vier Jahreszeiten, im Experimentarium, in der Multimediahalle sowie in der Gemeindeverwaltung zu besuchen. Infos zu allen Seh-Orten unter www.horizonte-zingst.de

Max Hünten Haus
Der Ende 2011 eröffnete Bau wurde nach dem Maler Max Hünten benannt, dessen Fotonachlass posthum im Zingster Heimatmuseum entdeckt wurde. Neben wechselnden Fotoausstellungen gibt es eine umfangreiche Bibliothek zum Thema Fotografie sowie eine Fotoschule mit Kursangebot und Printstudio.
Schulstraße 3 | Tel (03 82 32) 16 51 20 | täglich 10–18 Uhr

Schule des Sehens
Fotogalerie des GEO-Fotografen Heinz Teufel, Workshops, Vorträge, Konzerte, Lesungen.
Seestraße 12/Hauptübergang 12 | Tel (03 82 32) 8 15 42 | in der Saison Di–Sa 10–12 und 15–18, sonst 14–17 Uhr

Galerie Villa Ruh
Wechselnde Austellungen internationaler Fotografen.
Strandstraße 11 | Saison Di–So 10–18 Uhr, sonst bis 16 Uhr

gen, leichte Küche, Fisch und Fleisch, Reservierung empfohlen.
Kranichrast 2 | Tel (03 82 32) 1 22 70 | täglich 12–14 und ab 18 Uhr

Schlösschen Sundische Wiese
Am Fahrweg nach Pramort, 8 km außerhalb von Zingst, gehobene Gastronomie, Fisch-, Wild- und Fleischgerichte, tagsüber „Wanderkarte" mit leichten Gerichten, Kaffee und Kuchen.
Landstraße 19 | Tel (03 82 32) 81 80 | täglich 12–21 Uhr | www.hotelschloesschen.de

Kruses Fischkutter
Besonders leckeren Räucherfisch und Fischbrötchen gibt es bei Kruses Fischkutter am Hafen rechts.

Nachtleben

Kon Tiki
Cocktailbar hinterm Deich am Strandübergang 8, mexikanische und argentinische Küche, Live-Musik von Jazz bis Folk, Disko.
Seestraße 32 | Tel (03 82 32) 1 55 44 | Apr.–Sept. ab 12 Uhr, Okt.–März ab 17 Uhr | www.kon-tiki-bar.de

Aschers
Bar, Club, Lounge mit After-Beach-Partys.
Boddenweg hinter dem Hotel Vier Jahreszeiten | Do–Sa ab 22 Uhr | www.dasaschers.de

Aktivitäten

Ortsführungen
Mit Erläuterungen zur Geschichte und Gegenwart des Ostseebades.
Apr.–Okt. Mo und Do | Dauer ca. 3 Stunden | Treff: 10 Uhr am Kurhaus

tipp

via tipp

Horizonte Zingst
Das internationale Umweltfotofestival „Horizonte Zingst" findet alljährlich im Frühsommer statt. Es zählt zu den größten Fotofestivals Deutschlands und hat 2011 den Deutschen Tourismuspreis erhalten. Neben zahlreichen erstklassigen Ausstellungen gibt es Workshops bei renommierten Fotografen. Im Zentrum steht das Thema Umwelt sowie die Auseinandersetzung zwischen Mensch und Natur, und natürlich auch die grandiose Ostseelandschaft. Neben dem Festival finden über das ganze Jahr verteilt ständige Ausstellungen an verschiedenen Seh-Orten statt (siehe Kasten ▸ Seite 94).
Weitere Informationen unter www.horizonte-zingst.de

Reiterhof Illner ☺
Ponyreiten, Kutsch- und Kremserfahrten (Voranmeldung), Reitferien.
OT Müggenburg | Landstraße | Tel (03 82 32) 1 56 28

Freizeitsportanlage
Tennis- und Badmintonanlage, Hallen- und Außenplätze.
Boddenweg 13/15 | Tel (03 82 32) 1 22 00 | tägl. 10–22 Uhr | www.fsa-zingst.de

Bootsfahrten

Fähre Zingst–Barth
Abfahrt Hafen, Fahrradmitnahme möglich, auch Boddenrundfahrten und Kranichfahrten.
Apr./Mai, Sept/Okt. stündlich 11–16 Uhr, Saison 10.30–17.30 Uhr | Fahrgastschifffahrt Poschke | Tel (03 82 34) 2 39 | www.fahrgastschifffahrt-fischland-darss-zingst.de

MS Swantevit
Von Zingst nach Ribnitz-Damgarten.
Mai–Sept. Di–Sa 9.25 Uhr (ab Juli auch Mo) | neben der Saison Abfahrtszeiten erfragen bei Reederei Oswald | Tel (01 70) 5 84 16 44

Reederei Hiddensee
Fahrten nach Hiddensee oder Stralsund (April–Okt.) mit 5-stündigem Landgang.
Tel (0 38 31) 26 81-0 | www.reederei-hiddensee.de

Kranichfahrten oder Segeltörns auf Zeesenboot Möwe ☺
In der Saison mehrmals täglich, Abfahrt Hafen.
Herr Gräfe | Tel (03 82 32) 8 06 78

Zeesenboot Dorothea
In der Saison mehrmals täglich, Abfahrt Hafen.
Herr Radke: Tel (03 82 32) 1 53 55 | Schipper Achim: (0 173) 3 92 72 17

Surfen & Segeln

Kite & Surf Club
Sportstrand Übergang 6 | Tel (01 72) 3 14 49 09 | www.kite-club.com

Kultur

Club-Kino
Kino mit Bar.
Boddenweg 8 | Tel (01 52) 06 96 36 21 | Ostern bis Ende Okt. täglich ab 15 Uhr

Experimentarium ☺
Spielen, basteln, knobeln, experimentieren mit Licht, mit Wasser und Sand. Workshops für Kinder zu Wissenschaft, Technik und Natur. Nebenan befindet sich ein Familienrestaurant.
Seestraße 76 | Tel (03 82 32) 8 46 78 | Jan.–März und Sept.–Dez. Di–So 10–16 Uhr, Apr.–Juni Di–So 10–17 Uhr, Juli/Aug. 10–18 Uhr | www.experimentarium-zingst.de

Besondere Läden & Märkte

Der Weinladen
Weine und Feinkost, kleines Lokal mit mediterraner Küche.
Lindenstraße 9 | Tel (03 82 32) 8 95 57 | Apr.–Okt. täglich ab 14 Uhr, Nov.–März Do, Fr und Sa ab 14 Uhr | www.weinladenzingst.de

Buchhandlung Lesezeit
Kostenloser Wlan-Zugang.
Strandstraße 43a | Tel (03 82 32) 1 66 90 | täglich ab 10 Uhr, im Sommer auch Sa/So bis 20 Uhr geöffnet | www.lesezeit.de

Zingster Biomarkt
Lebensmittel und Handwerkliches aus der Region.
Strandstraße 1, auf dem Museumshof | Apr.–Okt. Do 10–14 Uhr

Blick auf Barther Stadtkirche, Marktplatz und Bodden

Barth (8700 Einw.) Tour ▸ Seite 138

Die beschauliche Kleinstadt liegt in der Küstenniederung am Barther Bodden. Rund um den historischen Stadtkern ziehen sich ringförmig hübsche Gässchen mit farbenfrohen Fassaden.

Die alte vorpommersche Hafenstadt wurde 1159 erstmals urkundlich erwähnt und erhielt 1255 das Stadtrecht. Bis zum Ende des 15. Jahrhunderts war sie Residenz der rügischen und später pommerschen Herzöge, die die Stadt zur wirtschaftlichen Blüte führten. Durch den Dreißigjährigen Krieg und Schwedenherrschaft geschwächt, verarmte Barth. Erst mit der Segelschifffahrt und dem Schiffbau setzte im 18. und 19. Jahrhundert ein neuer Aufschwung ein. Werften und große Reedereien entstanden, sodass sich Barth im 19. Jahrhundert zum zweitgrößten Seehafen Preußens entwickelte. Ende des 19. Jahrhunderts ging die große Schiffbauzeit zu Ende und Barth entwickelte sich als typisches pommersches Städtchen in einem bäuerlichen Umfeld. Mit der Zunahme des Fremdenverkehrs auf dem Zingst und Darß konnte Barth als Durchgangsort Gäste gewinnen. Neben seinem mittelalterlichen Stadtkern ist es aber vor allem die Umgebung, die für einen längeren Aufenthalt spricht: So erschließt sich dem Besucher östlich von Barth eine reizvolle und stille

Uferlandschaft mit sanften Hügeln, die schöne Rundblicke über Bodden und Hinterland bieten.

Seit 1998 sind die Bürger Barths im Legendenfieber: Vielleicht liegt doch vor den Toren der Stadt im Barther Bodden die sagenumwobene Handelsstadt Vineta? Flugs wurden zur Erhärtung der Vermutung die alljährlich stattfindenden **Vineta-Festspiele** mit einem Theaterspektakel auf einer Schwimmbühne am Hafen erfunden. Und im Rathaus wurde das Vineta-Museum eröffnet, wo neben Stadtgeschichtlichem die neuesten Erkenntnisse zur Vineta-Forschung dokumentiert werden. Die Sage um Vineta handelt von einer einst reichen und mächtigen Stadt an der Ostsee um das Jahr 1000, deren Bürgern vor lauter Reichtum jede Moral abhanden kam. Hochmütigkeit und Verschwendungssucht regierten in der Stadt, bis die Strafe Gottes in Form einer riesigen Flutwelle alles im Meer versinken ließ.

Stadtbummel

Ein guter Ausgangspunkt für einen Stadtspaziergang ist das 35 Meter hohe **Dammtor** von 1357. Dies ist der einzige originale Eingang zum alten Kern der Stadt, die noch den kreisförmigen mittelalterlichen Grundriss hat. Durch die spitzbogige Einfahrt des Tores führt der Weg über die Dammstraße direkt zum Zentrum des kleinstädtischen Lebens: dem Marktplatz. Über die umliegenden, zweigeschossigen Häuser erhebt sich hier die **Stadtkirche St. Marien.** Vom Turm bietet sich eine schöne Aussicht über die Boddenlandschaft.

Die Lange Straße südlich des

Am Barther Stadthafen

Marktes ist die Einkaufspassage im fröhlichen Durcheinander von Giebel- und Fachwerkhäusern, Putzfassaden des 18. und 19. Jahrhunderts sowie Gründerzeitklinkern. In dieser Straße befinden sich auch das **Vineta-Museum** und die Stadt-Information. Es lohnt, durch die angrenzenden Gassen mit den niedrigen Häuschen zu bummeln. So gelangen wir auch über den Reifergang und die August-Bebel-Straße zum **Rathaus.** Der Bau wurde 1927 in Anlehnung an die Backsteingotik errichtet. Zurück am Markt machen wir einen Abstecher über die Fischer- und Klosterstraße zum **Adeligen Fräuleinstift.** Der Barockbau von 1733 ist das einzige schwedische Klosterstift in Deutschland. Seit über zehn Jahren dient es als Einrichtung für betreutes Wohnen. Über die Fischerstraße gelangen wir zum neu ausgebauten, weitläufigen **Stadthafen,** wo heute vor allem Sportboote sowie Yachten an der Kaimauer liegen. Die neue Hafenpromenade lädt mit Cafés und Geschäften zum Flanieren ein. Das große Gebäude rechter Hand ist das „Ringhotel Speicher", ein gelungener Umbau eines alten Speichers zu einem modernen Hotel. Auch der Glasbau des Hafenmeisterbüros setzt auf eine Zukunft Barths als kultureller und touristischer Anziehungspunkt.

Sehenswertes

St. Marienkirche

Das Wahrzeichen der Stadt wurde im 13. Jahrhundert erbaut. Beeindruckend ist die von F. A. Stüler stammende Innengestaltung. Vom 87 Meter hohen Turm bietet sich ein schöner Rundblick.

Tel (03 82 31) 27 85 | Mai–Okt. Mo–Fr 10–18, Sa 10–15, So 11–13 Uhr, Nov.–Apr. Mo–Fr 10–16, Sa 10–15 Uhr | Führungen nach Absprache

Vineta-Museum

Das Museum zeigt neben wechselnden Ausstellungen stadtgeschichtliche Exponate und gibt Informationen zu Ostseelegenden wie Seepirat Klaus Störtebeker und zum Vineta-Mythos. Männer mit Vollbart erhalten ermäßigten Eintritt.

Lange Straße 16 | Tel (03 82 31) 8 17 71 | Di–Fr 10–17, Sa/So 11–17 Uhr | www.vineta-museum.de

Niederdeutsches Bibelzentrum Barth

In der Hospitalkirche St. Jürgen befindet sich eine multimediale Ausstellung zur Bibel. Der Besucher kann anfassen, riechen und ausprobieren: z. B. wie mühselig es war, auf einer alten Buchdruckmaschine zu drucken. Höhepunkt ist die plattdeutsche „Barther Bibel" von 1588.

Sundische Straße 52 | Tel (03 82 31) 7 76 62 | Di–Sa 10–18, So 12–18 Uhr

PRAKTISCHE TIPPS

Verbindungen

Bahn

Usedomer Bäderbahn im 2-Std.-Takt Barth–Stralsund, aus Hamburg in Velgast, aus Berlin in Stralsund umsteigen. Der Bahnhof befindet sich am südlichen Ende der Langen Straße.

Meiningenbrücke

Die 1910 als Eisenbahndrehbrücke konzipierte und 470 Meter lange Stahlkonstruktion verbindet Zingst mit dem Festland. Bis 1945 rollte hier die Darßbahn auf der Strecke Barth – Prerow. Seit der Stilllegung (Demontage als Reparationsleistung an die Sowjetunion) dient sie heute als Auto- und Personenbrücke. Schiffe, die in die westlichen Boddengewässer fahren wollen, müssen die Drehbrücke passieren. Deshalb kommt es zu Brückensperrzeiten für den Autoverkehr.

Doch seit 2010 sind die Tage der Brücke gezählt. Nach einem Beschluss des Verkehrsministeriums soll die Darßbahn bis 2016 reaktiviert werden. Im Zuge dessen wird die Meiningenbrücke einem Neubau weichen müssen.

Bus

Linie 210 ab Barth Bhf. über Fischland-Darß-Zingst nach Ribnitz-Damgarten.

Mo–Fr im 2-Std.-Takt, Sa/So im 2-3-Std.-Takt

Fähre

Barth–Zingst (Fahrradmitnahme).

Apr./Mai/Sept./Okt. stündlich 11–16 Uhr, Juni–Aug. stündlich 10.30–17.30 Uhr | Reederei Poschke | Tel (03 82 34) 2 39 | www.fahrgastschifffahrt-fischland-darss-zingst.de

Information

Barth Information

Information und Zimmerbörse.

18356 Barth | Am Markt 3/4 | Tel (03 82 31) 24 64 | im Sommer Mo–Fr 10–18, Sa 10–14 Uhr | im Winter Mo–Fr 10–13 und 14–17 Uhr, Sa 10–13 Uhr | www.stadt-barth.de

Übernachten

Ringhotel Speicher

4-Sterne-Hotel in ehemaligem Kornspeicher, großzügige und modern gestaltete Zimmer und Suiten, mit fantastischem Boddenblick, Wellnessbereich.

Am Osthafen 2 | Tel (03 82 31) 6 33 00 | €€–€€€ | www.speicher-barth.de

Hotel Stadt Barth

Restauriertes Stadthotel von 1883, 39 komfortabel eingerichtete Zimmer, Frühstück im historischen Wappensaal.

Lange Straße 60 | Tel (03 82 31) 6 23 | €€ | www.hotel-barth.de

Pommernhotel

Ruhiges Hotel im Wald, 31 Zimmer.

Divitzer Weg 2 | Tel (03 82 31) 4 55 80 | €–€€ | www.pommernhotel.de

Jugendherberge Barth ☺

Tolle Lage am Bodden, mit eigenem Reiterhof, Streichelzoo, Fahrrad- und Ruderbootverleih.

Glöwitz 1 | Tel (03 82 31) 28 43 | € | www.djh-mv.de

Ferienwohnung Barth
In historischer Altstadt, Maisonette-Wohnung mit 2 Balkonen, Platz für bis zu 6 Personen, modern ausgestattet, allergikergeeignet.
Info über Herrn Langefeld | Tel (0 30) 7 51 97 95 | 65 € | www.ferienhaus-privat.de/fischland-darss/

Essen & Trinken

Restaurant Ringhotel Speicher
Gehobene Küche in modernem Design, mit Boddenblick, Weinkeller.
Am Osthafen 10 | Tel (03 82 31) 6 33 00 | täglich ab 11.30 Uhr | www.speicher-barth.de

Boddenkieker
Fischrestaurant mit Boddenblick, große Portionen für den kleinen Geldbeutel.
Am Westhafen 10 | Tel (03 82 31) 6 63 30 | in Saison täglich 11.30–23 Uhr, sonst 11.30–14.30 und 17.30–22 Uhr

Galerie Café
Ambitioniertes Kunstcafé mit großem Büchersortiment, vielen Zeitungen und süßen Leckereien in einem alten Eckhaus in der Nähe zum Marktplatz, Tipp für kalte Tage: die heiße Schokolade!
Klosterstraße 1 | Tel (03 82 31) 7 73 03 | Juni–Sept. Mo–Fr 10–22, Sa/So 10–18 Uhr, Okt.-Mai täglich 10–18 Uhr

Aktivitäten

MS Ostseebad Zingst
Bootsfahrten ab Hafen Barth nach Hiddensee.
Juli–Sept. jeden Sonntag um 9 Uhr mit 4-stündigem Landgang (19 Uhr wieder zurück in Barth) | Erw. 22,50 €/Kinder 14 € | www.reederei-poschke.de

Kultur

Vineta-Festspiele
Theaterspektakel mit Musik, Kampf und Pyrotechnik, Juli–August auf der Schwimmbühne im Hafen.
Tel (03 82 31) 6 63 80 | Spielplan auf www.boddenbuehne.de und www.vineta-festtage.de

Barther Boddenbühne
In der ehemaligen Zuckerfabrik am Hafen, Repertoire reicht von Schauspiel, Kabarett bis zu Revuen.
Trebin 35a | Tel (03 82 31) 6 63 80 | www.boddenbuehne.de

Bioladen

Uli's Bioladen
Wallstraße 1 | Tel (038231) 8 93 25

Bresewitz (Tour ▸ Seite 138)

Der kleine Ort Bresewitz gehört zur Gemeinde Pruchten und ist – wie alle Dörfer hier – ursprünglich ein altes Boddenfischer- und Seefahrerdorf. Heute nennt sich Bresewitz zu Recht Kranich-Dorf. Es liegt fast am äußersten Ende der Landzunge, in der Nähe der Meiningenbrücke und gegenüber den Vogelschutzinseln Kirr und Oie. Ein idealer Standort für Kranichbeobachtungen, da diese zu Tausenden ihre Nachtquartiere auf den Inseln anfliegen und dabei über Bresewitz langsam in den Sinkflug gehen.

tipp

via tipp

Pension Boddenblick

In der freundlichen und komfortabel eingerichteten Pension lassen sich die Kraniche direkt vom Bett aus beobachten: morgens und abends fliegen die majestätischen Tiere oft im Tiefflug über die Pension hinweg.

18356 Bresewitz | Zur Oie 9 | Tel (03 82 31) 8 17 58 | €–€€ | www.pension-boddenblick.de

Alter Bahnhof Bresewitz

Bis zum Zweiten Weltkrieg führte die Darßbahn nach Zingst und Prerow. Seit 1945 endet das Gleis im stillgelegten Bahnhof von Bresewitz. Die Sowjets hatten die Gleise als Reparationsleistung abgebaut. Heute stehen hier historische Bahnbetriebswagen, in denen sich die Darßbahnausstellung befindet. Im Sommer finden im Waggon Konzerte, Tanztheater und Lesungen statt. Was sich hier mit dem Baubeginn der Darßbahn ändert, bleibt abzuwarten.

18356 Bresewitz | Bahnhofstraße 9-11 | Tel (03 82 31) 8 06 29 | www.kunst-auf-schienen.de

PRAKTISCHE TIPPS

Verbindungen

Bus

Linie 210 verbindet Pruchten und Bresewitz mit allen Orten auf der Halbinsel und den Bahnhöfen Ribnitz-Damgarten West und Barth.

Mo–Fr stündlich, Sa/So alle 2–3 Stunden

Übernachten

Landhaus Martens

Freundliche Pension im alten Dorfkrug, Restaurant mit ökologisch orientierter Küche und schönem Wintergarten.

18356 Bresewitz | Zur Oie 14 | Tel (03 82 31) 34 34 | €€–€€€ | www.landhotel-martens.de

Naturcamp Pruchten

Idyllischer und komfortabler Zeltplatz in der Fuhlendorfer Heide, 200 m zum Bodden, SB-Markt, Gaststätte, auch Vermietung von FeWo.

18356 Pruchten | Zeltplatzstraße 30 | Tel (03 82 31) 20 45 | März–Okt. | www.naturcamp-pruchten.de

Aktivitäten

Reiterhof Gränert

Wanderreiten, Kutschfahrten, Reiterferien, Kurse.

18356 Pruchten | Im Tannen | Tel (03 82 31) 8 29 10

Bodstedt

Das ehemalige Fischerdorf am Südufer des gleichnamigen Boddens gilt als **Heimat der Zeesenboote:** Noch vor etwa 40 Jahren fuhren von dem kleinen Hafen Fischer mit den traditionellen Booten hinaus. Im Hafen liegt auch heute immer ein Dutzend der schönen Holzboote mit den

Boddenidylle

braunen Segeln vertäut. Die Zeesenbootregatta (jeweils am ersten Sonnabend im September) zieht jährlich tausende Besucher an. In den 1960er-Jahren fand hier die erste Regatta statt und begründete damit die Tradition der Zeesboot-Regatten.

Im 15. Jahrhundert war Bodstedt ein bedeutender Wallfahrtsort für christliche Seefahrer. Aus dieser Zeit stammt auch die Dorfkirche, die ehemalige Wallfahrtskirche. An dem schlichten, spätgotischen Backsteinbau ist eine Flutmarke von 1872 zu finden, der große Orkan hatte auch die südliche Boddenküste nicht verschont und schwere Zerstörungen im Ort angerichtet.

Bodstedt bietet einen kleinen Boddenbadestrand. In der offenen Landschaft rasten zur Zugzeit die Kraniche.

PRAKTISCHE TIPPS

Verbindungen

Vom nahe gelegenen Hafen Fuhlendorf verkehren Fähren nach Prerow auf dem Darß (mit Fahrradtransport).

Reederei Rasche | Tel (03 82 34) 2 10 | Juni–Aug. 2x täglich | in der Nebensaison 1x täglich außer Mo | www.reederei-rasche.de

Übernachten / Essen & Trinken

Pension und Restaurant Boddenperle

Mit gemütlichem Restaurant.

Damm 6 | Tel (03 82 31) 45 86 1 | € | www.boddenperle-bodstedt.de

Ferienwohnungen Bodden-Zauber

FeWo für 2 Personen, direkt am Bodden in malerischem Reetdachhaus.

Fam. Hentschel | Damm 8 | Tel (03 82 31) 44 04 | ab 56 € | www.bodden-zauber.de

Graal-Müritz (4200 Einw.)

Das weit auseinandergezogene Ostseeheilbad liegt landschaftlich reizvoll etwa sechs Kilometer südwestlich von Dierhagen – und ist damit nur eine Strandwanderung vom Fischland entfernt. Der beschauliche Ort entstand 1938 durch die Zusammenlegung der beiden Fischerdörfer Graal und Müritz, die sich über fünf Kilometer zwischen Wald und endlosem Sandstrand erstrecken.

Graal, der westliche Ortsteil, ist weitaus größer und bedeutender. Hier befinden sich auch die meisten Unterkünfte und Gaststätten. Der kleinere Ortsteil Müritz liegt zwei Kilometer östlich von Graal und wirkt eher wie eine etwas verschlafene Strandsiedlung. Verbunden sind beide Ortsteile durch den sechs Kilometer langen, feinen Sandstrand.

Ein richtiges Zentrum sucht man in Graal-Müritz vergebens. Das touristische Leben spielt sich rund um die Seebrücke ab und ein wenig in der sehenswerten Kurstraße in Graal. Hier finden sich auch historische Häuser im Bädervillenstil.

Eingerahmt wird Graal-Müritz vom größten zusammenhängenden Waldgebiet der deutschen Ostseeküste, der Rostocker Heide (▶ Seite 111). See- und Waldluft mischen sich hier so günstig, dass sich der Ort seit 1960 Seeheilbad nennen darf. Bereits seit Ende des 19. Jahrhunderts kommen in den Badeort jährlich zahlreiche Kurgäste, die das gesundheitsfördernde Klima im Sommer wie im Winter für sich nutzen. Darunter auch berühmte Schriftsteller, die die Vorzüge bereits damals zu schätzen wussten. So zählte, neben Kurt Tucholsky, Erich Kästner und Hans Fallada, Franz Kafka zu den bekanntesten Gästen des Ortes. Er war im Juli 1923 hier, um seine Tuberkulose-Erkrankung zu kurieren. In Graal-Müritz lernte er die junge Dora Diamant kennen, mit der er später in Berlin zusammenlebte. Leider wurden alle architektonischen Zeugnisse inzwischen abgerissen.

Bis heute hat sich die Kuratmosphäre gehalten. So gibt es etwa ein Dutzend Sanatorien und Rehakliniken. Daneben entstanden in den letzten Jahren viele Hotels und Ferienwohnungen.

Ortsspaziergang

(Karte ▶ Seite 105)

Ausgangspunkt für unseren Spaziergang ist das **Haus des Gastes** an der Ecke Rostocker Straße/Kurstraße im Ortsteil **Graal.** Der 1997 errichtete Bau ist nicht nur Informationszentrum, sondern auch Treffpunkt für kulturelle Veranstaltungen. Über die von einigen Bädervillen gesäumte **Kurstraße** und die Parkstraße führt unser Weg zur Attraktion des Seebades, dem **Rhododendronpark.** Auf etwa fünf Hektar Fläche stehen hier rund 2500 Rhododendron- und Azaleenstauden, die im Mai und Juni in vielen Farben blühen und dabei einen überwältigenden Duft verströ-

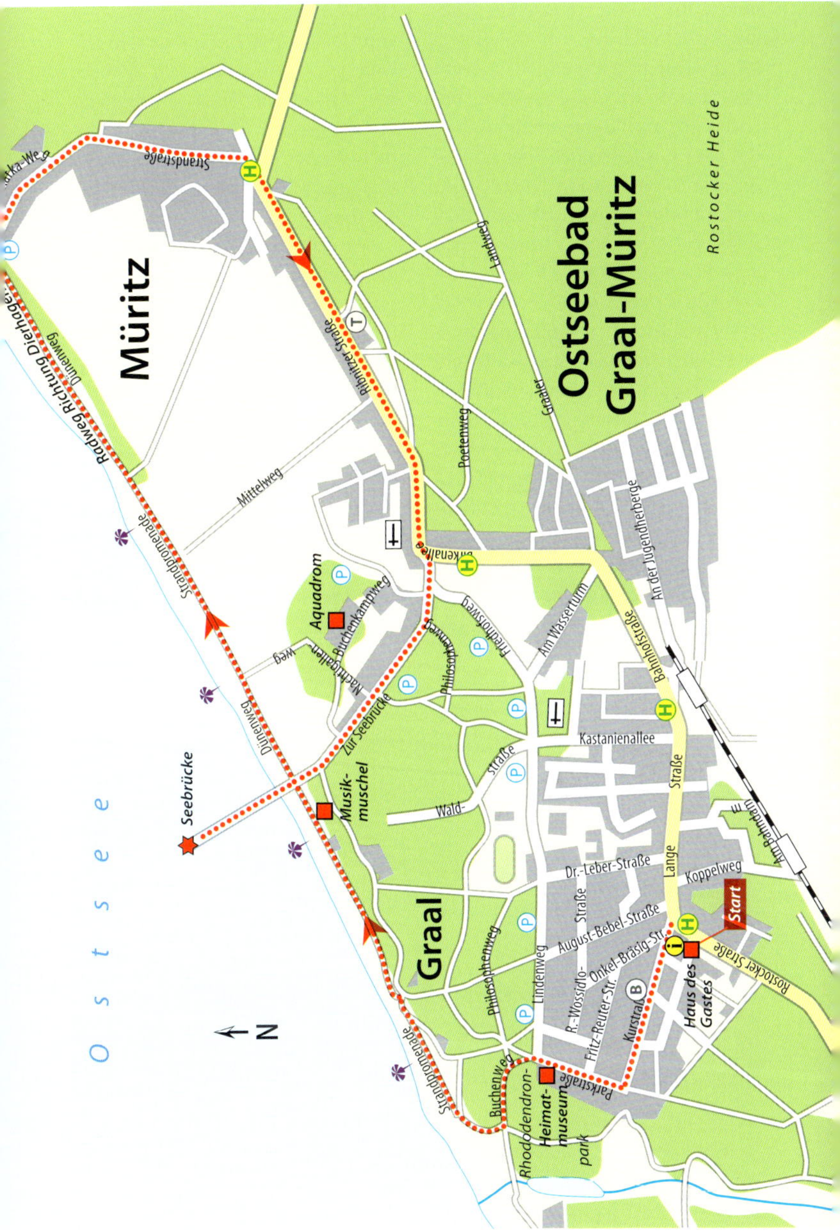

Müritz
Ostseebad
Graal-Müritz
Graal
Rostocker Heide
O s t s e e
Seebrücke
Aquadrom
Musik-
muschel
Rhododendron-
park
Heimat-
museum
Haus des
Gastes
Start
N
Strandstraße
Ribnitzer Straße
Landweg
Graaler
Poetenweg
Mittelweg
Dünenweg
Radweg Richtung Dierhagen
Strandpromenade
Birkenallee
Friedhofsweg
Philosophenweg
Am Wasserturm
An der Jugendherberge
Bahnhofstraße
Nachtigallenweg
Buchenkampweg
Zur Seebrücke
Kastanienallee
Wald-
straße
Lange
Straße
Am Bahnhof
Dr.-Leber-Straße
Koppelweg
August-Bebel-Straße
Onkel-Bräsig-Str.
Rostocker Straße
Lindenweg
R.-Wossidlo-
Straße
Fritz-Reuter-Str.
Kurstraße
Parkstraße
Buchenweg

men. 2008 wurde ein Pavillon eröffnet, in dem Konzerte (in der Saison Mi 15 Uhr) und Lesungen stattfinden. Ganz in der Nähe des Parks befindet sich auch das Heimatmuseum, das aber nur selten geöffnet ist. Früher war es die Pension „Buchenhof", in der übrigens Kurt Tucholsky 1920 seine Flitterwochen verbracht hat. Vom Rhododendronpark aus gelangen wir schnell an den Strand. Auf der windgeschützten Strandpromenade, die zwischen Stadtwald und Badestrand entlangführt, läuft unser Weg in östlicher Richtung vorbei an der Musikmuschel zur 350 Meter langen **Seebrücke.** Erbaut 1993, ist sie die einzige in Europa, die mit Solar-Energie betrieben wird. Bei einem Gang zum Brückenkopf eröffnet sich uns ein Blick auf die Mecklenburger Bucht bis zum Fischland. Der Brückenvorplatz ist ein beliebter Treff von Gästen und Einheimischen. Unweit der Seebrücke hat sich 2004 mit dem **Aquadrom** die jüngste Attraktion angesiedelt. In dem wohlig warmen Wasser des Erlebnisbades können auch Regentage überstanden werden.

Wir folgen der Strandpromenade weiter in östlicher Richtung und erreichen nach etwa 1,5 Kilometern den Ortsteil **Müritz.** Rechter Hand biegen wir in die Strandstraße, der wir bis zu ihrem Ende folgen. Unser Weg führt uns an so genannten Matrosenhäusern vorbei, die in der Zeit der napoleonischen Kriege (Anfang des 19. Jahrhunderts) als Lohn für die Heimkehrer erbaut wurden. In der Strandstraße 19 erinnert ein Schild an Erich Kästner, der hier 1914 seine Ferien verbracht hat.

Am Strand von Graal-Müritz ist für alles gesorgt

Weiter östlich dehnt sich das Ribnitzer Hochmoor (▸ Seite 36) aus. Wir gehen weiter zum gegenüberliegenden **Tannenhof** in der Ribnitzer Straße. Die Kinderheilstätte ging aus dem 1884 eröffneten Friedrich-Franz-Hospiz hervor, der ältesten Einrichtung dieser Art an der Ostseeküste. Ein Denkmal erinnert an ihren Gründer Prof. Carl von Mettenheim, Leibarzt des mecklenburgischen Großherzogs Friedrich Franz.

Wir schlendern weiter und entdecken nach wenigen Metern das **Haus Timm,** eines der wenigen erhalten gebliebenen reetgedeckten Büdnerhäuser, die im Ort zu finden sind. Unser Weg führt uns nun über den nach rechts abzweigenden Boulevard zurück zur Seebrücke, wo wir uns im Eiscafé Seestern eine wohlverdiente Pause gönnen.

Sehenswertes

Heimatmuseum

Im ehemaligen Warmbad untergebracht, informiert die Ausstellung über die Geschichte des Ortes.

Parkstraße 21 | Tel (03 82 06) 7 45 56 | Apr.–Sept. Di, Do 9–12 und 15–18 Uhr, Mi/Fr 15–19, Sa 15–18 Uhr, jeden 2. So 15–18 Uhr, Okt.–März Mi, Fr 15–18 Uhr

Kirche Graal-Müritz

Der neoromanische Sakralbau wurde 1908 von Gotthilf L. Möckel erbaut und liegt etwas versteckt im Wald zwischen Graal und Müritz. Der Bauherr war Großherzog Friedrich Franz IV., der im Jagdschloss Gelbensande (▸ Seite 112) seine Sommerresidenz hatte.

Friedhofsweg 1 | Tel (03 82 06) 7 72 30

Strand

Kilometerlanger Sandstrand, der sich bis Hohe Düne bei Warnemünde in westlicher Richtung und bis nach Dierhagen in östlicher Richtung entlangzieht. Selbst im Hochsommer ist er an einigen Abschnitten fast menschenleer und daher besonders für Nacktbader ein Paradies. In Ortsnähe überwacht und Strandkörbe.

PRAKTISCHE TIPPS

Verbindungen

Bahn

Regionalbahn-Verbindung stündlich nach Rostock.

Bus

Linie 118 verbindet mehrmals täglich mit Rostock Hbf/ZOB. Linie 202 verbindet mehrmals täglich über Markgrafenheide bis Hohe Düne/Warnemünde bzw. Ribnitz-Damgarten.

Information

Kurverwaltung im Haus des Gastes

Zimmervermittlung, Ausstellungen, Lesungen.

18181 Graal-Müritz | Rostocker Straße 3 | Tel (03 82 06) 70 30 | Mai–Sept. Mo–Fr 9–20, Sa 9–18, So 10–16 Uhr, Okt.–Apr. Mo–Fr 9–17, Sa 9–12 Uhr | www.graal-mueritz.de

Übernachten

Fremdenverkehrsverein Graal-Müritz

Quartiere von hochwertig bis preiswert, Last-Minute-Angebote.

Rostocker Straße 26 | Tel (03 82 06) 7 87 25 | www.fvv-graal-mueritz.de

Hotels & Pensionen

IFA Wellness Hotel
Liegt allein mitten im Küstenwald, 150 Zimmer im Landhausstil, großer Wellnessbereich: Schwimmbad, Erlebnisgrotte, Saunen, Fitness.
Waldstraße 1 | Tel (03 82 06) 7 30 | €€ | www.ifa-graal-mueritz-hotel.de

Ostseewoge
4-Sterne-Hotel direkt am Seebrückenvorplatz, Sauna, Solarium und Physiotherapie im Haus, 35 Zimmer mit Balkon.
An der Seebrücke 35 | Tel (03 82 06) 7 10 | €–€€ | www.ostseewoge.de

Akzent Hotel Residenz
Ehemaliges Grand-Hotel im Bäderstil 300 m vom Strand entfernt, mit Sauna, Solarium, Fitness im Haus, mit warmen Farben gestaltete Zimmer.
Zur Seebrücke 34 | Tel (03 82 06) 7 44 70 | €–€€ | www.residenz-hotel-graal-mueritz.de

Pension Witt
Reetgedeckte Pension in ruhiger Ortslage, mit großem Garten.
Am Tannenhof 2 | Tel (03 82 06) 77 221 | €€ | www.pension-cafe-witt.m-vp.de

Strandhotel
Im Stil der Bäderarchitektur erbaut (1905), vielfältiges Wellnessangebot, Restaurant, freundlich eingerichtete Zimmer.
Zur Seebrücke 28 | Tel (03 82 06) 8 86 06 | €€ | www.strandhotel-graal-mueritz.de

Villa Edda
Hübsche Pension, 21 Zimmer und FeWo, teilweise mit Steinböden.
Fritz-Reuter-Straße 7 | Tel (03 82 06) 15 30 | €€ | www.villa-edda.de

Ferienwohnungen

Haus Birkenallee
800 m vom Strand entferntes, neu gebautes Backsteinhaus (1996/2003), Sauna, Solarium, Fitness im Haus, Kinderspielplatz.
Birkenallee 16 | Tel (03 82 06) 7 81 27 | DZ mit Küche ab 35 € | FeWo ab 55 € | www.haus-birkenallee.de

Haus Meridian
Im 2-Familienhaus-Neubau, komfortabel, geschmackvoll eingerichtet, Strandnähe, ruhig, allergikergeeignet und rollstuhlgerecht.
Kontakt über Fam. Brinkmann | Tel (04 31) 3 85 41 83 | 115 qm | für 4 Pers. ab 80 € | www.ostsee-ferienwohnung-meridian.de

Camping

Ostseekamp Rostocker Heide
Nur durch die Düne vom Strand getrennt, ca. 1,5 km westlich von Graal-Müritz, weitläufiger und beliebter 4-Sterne-Platz, Surfschule.
Wiedortschneise 1 | Tel (03 82 06) 7 75 80 | www.campen-am-meer.de

Essen & Trinken

Haus am Meer
Unweit der Seebrücke, Fischgerichte und regionale Küche, hausgemachter Kuchen.
Zur Seebrücke 36 | Tel (03 82 06) 73 90 | täglich 12–21 Uhr

Eiscafé Seestern
Das backsteinerne Lokal diente einst als Seenotrettungsstation.

Altes Büdnerhaus in Graal-Müritz

Am Strand von Graal-Müritz

Zur Seebrücke 16 | Tel (03 82 06) 7 76 31 | täglich 10–22 Uhr

Caféstübchen Witt
Traditionsreiches Café auf einem Gehöft mit reetgedeckten Häusern, den selbstgebackenen Kuchen gibt's im Sommer im schönen Garten.
Am Tannenhof 2 | Tel (03 82 06) 7 72 21 | Di–So 12–22 Uhr

Buchhandlung

Ostsee-Buchhandlung Graal-Müritz
Kleine, gut sortierte Buchhandlung.
Kurstraße 22 | Tel (03 82 06) 7 99 18

Aktivitäten

Fahrrad Thon
Lange Straße 29 beim Edekamarkt | Tel (03 82 06) 7 98 05 |

Wellness

Aquadrom
Erlebnisbad mit Innen- und Außenpools mit warmem Meerwasser, Whirlpool, Saunalandschaft, Hamam, Fitnessbereich, Tennis, Badminton, Volleyball.
Buchenkampweg 9 | Tel (03 82 06) 8 79 00 | täglich 9–21.30 Uhr, Di und Do ab 8 Uhr | www.aquadrom.net

Bootsfahrten

MS Baltica
Ab Seebrücke nach Warnemünde:
April–Okt. So 10 Uhr
Minikreuzfahrt entlang der Küste der Halbinsel Fischland-Darß-Zingst:
So 16–18 Uhr | www.msbaltica.de

Rostocker Heide

(Tour ▸ Seite 140, Karte ▸ Seite 141)

Südlich von Graal-Müritz erstreckt sich die Rostocker Heide. Vom Namen darf man sich jedoch nicht irreführen lassen und sich darunter ein baumloses, mit Heidekraut bewachsenes Gebiet vorstellen. Vielmehr ist die Rostocker Heide mit über 400 Quadratkilometern der größte geschlossene Küstenwald in Deutschland. Er besteht zu je einer Hälfte aus Nadel- und Laubbäumen. Es dominieren Buchen, Kiefern und Eichen, wobei Letztere bis zu 300 Jahre alt sind. Außergewöhnlich sind die Eiben, von denen einige über 1500 Jahre alt sein sollen. Zwischen den hohen alten Bäumen erstrecken sich vor allem in Küstennähe ausgedehnte Moorgebiete wie das Naturschutzgebiet Großes Ribnitzer Moor südlich von Dierhagen (▸ Seite 36).

Nach dem Zweiten Weltkrieg wurde die Rostocker Heide von der sowjetischen Armee als Übungsplatz genutzt. Erst nach der Wende erhielt die Hansestadt ihren Wald zurück und das Militärgebiet wurde renaturiert. Heute stellt der Wald ein Naherholungsgebiet mit hohem ökologischem Wert dar.

Ausgeschilderte Rad- und Wanderwege bieten beste Vorraussetzungen, das große Waldgebiet zu erkunden. Gute Ausgangspunkte hierfür sind die Ostseebäder Graal-Müritz und Dierhagen oder auch der Ort Wiethagen am Südrand der Rostocker Heide (B 105 Richtung Rostock, Abfahrt Rövershagen). Reizvoll ist der Rundkurs durch die Heide. Er ist weiß-blau-weiß markiert und dient als gute Orientierung durch das weitläufige Waldgebiet. Bei der beschriebenen Beispieltour (▸ Seite 140) bietet sich die Gelegenheit, neben der einzigartigen Flora und Fauna auch die Sehenswürdigkeiten der Rostocker Heide kennen zu lernen.

Forst- und Köhlerhof Wiethagen

(Karte ▸ Seite 141) ☺

Der typische Geruch von Holzteer und der harzige Geruch der Kiefernwälder empfangen den Besucher in der historischen Teerschwelerei von 1837, die 1984 zum Technischen Denkmal erklärt wurde. Mit dem Forst- und Teerschwelmuseum, dem Skulpturenpark, einem naturnahen Kinderspielplatz, „Koehlers Koek" mit kleinem Imbiss (nur am Wochenende) ist es ein lohnendes Ziel für einen Ausflug. Ein in der Nähe als Rundweg eingerichteter Naturlehrpfad vermittelt viel Wissenswertes über Baumarten, Biotope und die Bewohner des Waldes.

Museumsanlage Forst- und Köhlerhof Wiethagen bei Rövershagen | ca. 5 km von Graal-Müritz entfernt | Apr. bis Anfang Okt. Di–Fr 9–17 Uhr, Sa/So 10–17 Uhr, Anfang Okt. bis Mitte Dez. Di–Fr 9–16, So 10–16 Uhr | www.koehlerhof-wiethagen.de

tipp

via tipp

Naturschatzkammer & Paradiesgarten Pilzmuseum

Dieser spannende Ort liegt gleich neben dem Infozentrum Wald & Moor in Neuheide. In dem privaten Museum wird eine Sammlung von mehr als 250 Pilzarten, rund 200 besonders schönen Schmetterlingen, Mineralien, Fossilien und Tierpräparaten präsentiert. Attraktion: Eine Steinkauzfamilie wird mit einer Kamera in ihrer Höhle beobachtet, die Bilder sind live im Museum zu sehen sowie ein freilebender Hornissenstaat hinter Glas.

Naturschatzkammer & Paradiesgarten Pilzmuseum | OT Neuheide | Ribnitzer Landweg 2 | Tel (03 82 06) 7 99 21 | täglich 9–17 Uhr | Erw. 6 €, erm. 2 € | www.pilz-naturerlebnismuseum.m-vp.de

Neuheide

(Karte ▸ Seite 141)

Sechs Kilometer östlich von Graal-Müritz liegt der kleine Weiler Neuheide. Hier bietet das **Infozentrum Wald & Moor** Führungen und einen Naturpfad an. Die freundlichen Mitarbeiter beantworten gern alle Fragen rund um Moore.

Infozentrum Wald & Moor | OT Neuheide | Ribnitzer Landweg 3 | Tel (0 38 02 06) 1 44 44 | Mai–Okt. Mi–So 10–17 Uhr | Führung durch das Moor Apr.–Okt. Mo–Fr mit Anmeldung, Naturpfad: 9–17 Uhr

Jagdschloss Gelbensande

(Tour ▸ Seite 140 / Karte ▸ Seite 141)

Etwa acht Kilometer von Graal-Müritz entfernt liegt das Jagdschloss Gelbensande. Die ehemalige Sommerresidenz des Mecklenburgischen Großherzogs Friedrich Franz III. ist im Jahr 1887 fertig gestellt worden. Verspielte Holzschnitzereien, Türmchen und Bleiglasfenster schmücken das Fachwerkhaus. Zu sehen sind unter anderem neben dänischem königlichem Porzellan auch die Original-Bauzeichnungen für das Jagdschloss. Alljährlich findet ein Schlossfest statt.

Gelbensande | Am Schloss 1 | Tel (03 82 01) 4 75 | täglich 11–17 Uhr | Führungen Sa/So u. nach Absprache | www.jagdschloss-gelbensande.de

Anfahrt: von Rostock oder Ribnitz-Damgarten stündlich RE-Verbindung | Vom Bahnhof Gelbensande ist das Jagdschloss zu Fuß in nur wenigen Minuten gut ausgeschildert zu erreichen

Karl's Erlebnishof in Rövershagen

Esel streicheln, Schafe anschauen, Erdbeeren pflücken, Erbsensuppe essen: Dies und noch vieles mehr kann man auf der großen Hofanlage von Karl's Erlebnishof. Oft ziemlich rummelig, aber Kinder mögen's.

Rövershagen | Purkshof 2 | tägl. geöffnet | www.karls.de

Anfahrt: 10 km von Graal-Müritz, an der B 105 zwischen Rövershagen und Mönchhagen | Bus 118 tägl. ab Rostock ZOB bis Haltestelle Purkshof | Bahn: bis Rövershagen oder Mönchhagen

Ribnitz-Damgarten: Hafen und Marienkirche im Hintergrund

Ribnitz-Damgarten (16 000 Einw.)

Ribnitz-Damgarten liegt landschaftlich reizvoll am Südufer des Saaler Boddens. Die freundliche Kleinstadt schmückt sich mit dem Beinamen Bernsteinstadt, und das nicht ohne Grund: Hier dreht sich (fast) alles um den goldgelben Stein. Hauptattraktion ist das Deutsche Bernsteinmuseum, das jährlich zahlreiche Besucher anzieht. Ansonsten geht es in der Doppelstadt beschaulich zu. Sie entstand 1950 durch die Vereinigung des mecklenburgischen Ribnitz mit dem vorpommerschen Damgarten. Die Grenze zwischen Mecklenburg und Pommern bildete das Flüsschen Recknitz, das sich mitten durch die Stadt schlängelt und in die Ostsee mündet.

In unmittelbarer Nähe der Recknitzmündung überquerte im Mittelalter eine bedeutende Handelsstraße, die von Lübeck nach Stralsund verlief, die Recknitzniederung. Im 13. Jahrhundert erlangte dieser alte Handelsweg strategische Bedeutung. Die mecklenburgischen Fürsten errichteten um 1210 zum Schutz des Grenzübergangs eine befestigte Siedlung, die um 1233 unter dem Namen „Rybanis“ (slawisch für „Fischort“) das Stadtrecht erhielt. Auf der anderen Seite des Flusses ver-

Gasse beim Klarissenkloster

lieh Rügenfürst Jaromar II. dem 1225 erstmals erwähnten Ort „Damechora" (slawisch für „Eichenberg") 1258 das Stadtrecht, in der Absicht, hier eine pommersche Grenzfeste gegen Mecklenburg zu schaffen.

Obwohl diese beiden Städte nur einen Katzensprung auseinanderliegen, waren sie in der Vergangenheit doch von unterschiedlichen Entwicklungen geprägt. Ribnitz war dabei immer die bedeutendere der beiden Nachbarinnen, ausgestattet mit einer gotischen Marienkirche, einem reichen Nonnenkloster und einem großen Hafen. Der Ribnitzer Hafen erzielte jedoch nie die Bedeutung der Häfen anderer Ostseestädte. Wegen der Lage der Stadt an den seichten Boddengewässern kam er über einen kleinen Fischereihafen nicht hinaus. Stattdessen machten sich im Mittelalter Seeräuber breit, denen das verworrene Gewässer ideale Voraussetzungen zur Piraterie bot. Damgarten hingegen blieb ein bedeutungsloses Landstädtchen. Auch heute macht es mit Kopfsteinpflaster und vereinzelten Fachwerkhäusern einen verschlafenen Eindruck.

Stadtbummel

Ein guter Ausgangspunkt für einen Spaziergang ist der **Marktplatz** im historischen Stadtzentrum von Ribnitz. Hier erhebt sich neben der modernen, rot spiegelnden Touristeninformation die mächtige Marienkirche über die umliegenden Bürgerhäuser. Sehenswert sind das klassizistische Rathaus (1834) mit der zitronengelben Fassade und die Fischergasse, eine hinter einer Fachwerkfassade versteckte Einkaufspassage. Unweit des Marktes, am Ende der Langen Straße in westlicher Richtung, findet sich das einzige Relikt der mittelalterlichen Stadtbefestigung: das trutzige **Rostocker Tor.** Der Backsteinbau wurde im frühen 15. Jahrhundert errichtet und blieb als einziges von einst fünf Toren erhalten.

Südlich des Marktplatzes liegt das historische Klarissenkloster. Aus der Gründungszeit im Mittelalter blieb nur die zierliche **Klosterkirche** erhalten. In ihr werden unter anderem die „Ribnitzer Madonnen", kostbare holzgeschnitzte Heiligenfiguren aus dem 14. Jahrhundert, aufbewahrt. Der Klosterkomplex beherbergt heute auch das sehenswerte **Deutsche Bernsteinmuseum.** Schräg gegenüber vom Museum lohnt sich der Besuch der Galerie im Kloster, sie präsentiert zeitgenössische Kunst.

Die alten Straßen der Fischer nördlich vom Marktplatz führen uns zum Bodden und **Hafen.** Vom Schiffsanleger starten Schiffe zu Boddenrundfahrten. Der Hafen wurde 1879 erbaut und mehrfach erweitert. Von hier aus verband ein regelmäßiger Schiffsverkehr die Stadt mit dem Fischland und mit Damgarten. Heute ist der beschauliche, gut ausgebaute Hafen ein Anlaufpunkt für kleinere Boote und Sportsegler.

Sehenswertes

Deutsches Bernsteinmuseum

Das Museum befindet sich inmitten der Klosteranlage und zeigt die größte Bernsteinausstellung Deutschlands. Anschaulich wird die Natur-, Kunst- und Kulturgeschichte des baltischen Bernsteins dokumentiert. Zu sehen sind Exemplare mit außergewöhnlichen Einschlüssen (z. B. urzeitliche Blüten, Käfer und Skorpione), Schmuck und Kunstgegenstände. An einer Teilnachbildung des legendären und seit 1945 verschollenen Bernsteinzimmers lässt sich

Bernstein

„Gold des Nordens" wird er auch genannt. Die kleinen, gelben bis rötlichen Steine sind 50 Millionen Jahre alt. Sie entstanden aus dem erhärteten Harz urzeitlicher Nadelbäume. Bernsteine werden seit der Bronzezeit zu Schmuck verarbeitet. In ihnen können Pflanzen- oder Tierreste wie zum Beispiel Tannennadeln, Mücken oder Käfer eingeschlossen sein, „Inklusen" genannt. Durch diese Einschlüsse weiß man, welche Insektenarten vor Millionen Jahren gelebt haben. Der Name des schnell entflammbaren Bernsteins stammt von dem Wort „Börnstein". „Börnen" ist der niederdeutsche Ausdruck für „brennen". Besonders nach stürmischen Wetter wird man an den Stränden fündig, denn dann sind die Steine zusammen mit Seetang und Muschelschalen vom Meeresgrund an den Strand geschwemmt worden.

die besonders kunstvolle Verarbeitung von Bernstein bewundern. Für ein kleines Entgelt können sich Besucher selbst als Bernsteinschleifer versuchen. Mit schönem Café und Museumsshop.
Im Kloster 1-3 | Tel (0 38 21) 46 22 | März-Okt. täglich 9.30–18 Uhr, Nov.-Feb. Di–So 9.30–17 Uhr | Erw. 8,50 €, Kinder 4 € | www.bernsteinmuseum.info

Klosterkirche
Das filigrane Kirchlein (1323) birgt in seinem sehenswerten Innern eine interessante Ausstellung zur Geschichte des Klarissenklosters sowie die berühmten Ribnitzer Madonnen – zwölf sitzende Schnitzfiguren aus dem 14.–16. Jahrhundert.

Galerie im Kloster
Eine kleine Dauerausstellung widmet sich den Werken Lyonel Feiningers, die während seines Aufenthaltes 1905 in der Stadt entstanden sind. Daneben wechselnde Ausstellungen regionaler Künstler.
Im Kloster 9 | Tel (0 38 21) 47 01 | Di–So 10–17 Uhr | vor Ausstellungen 1 Woche geschlossen

St.-Marienkirche
Backsteinbau aus dem 13. Jahrhundert mit barocker Innenausstattung. Von dem 50 Meter hohen Turm hat man einen wunderbaren Blick über die Umgebung.
Infos über Pastorat | Neue Klosterstraße 17 | Tel (0 38 21) 81 13 51 | im Sommer Mo–Fr 9–17 Uhr, im Winter Di–Fr 9–16 Uhr, Sa/So nach Absprache

PRAKTISCHE TIPPS

Verbindungen

Bahn
Von Hamburg 5 x täglich direkt, von Rostock und Stralsund aus ca. stündlich RE- und IC-Züge nach Ribnitz-Damgarten (West). Aus Berlin in Stralsund oder Rostock umsteigen.

Bus
Linie 210 in Richtung Fischland-Darß-Zingst (Mo–Fr stündlich, Sa und So im 2-Stundentakt). Linie 214 verbindet südlich des Boddens mit Barth (etwa 6-mal täglich). Linie 202 verbindet Ribnitz etwa 10 x täglich mit Graal-Müritz, Abfahrt am Bahnhof oder am Marktplatz.

Information

Stadtinformation
Zimmervermittlung, Stadt- und Klosterführungen.
18311 Ribnitz-Damgarten | Am Markt 14 | Tel (0 38 21) 22 01 | Mitte Mai-Okt. Mo–Fr 10–18, Sa 10–16, So 10–14 Uhr, Nov.–Mitte Mai Mo–Fr 10–16 Uhr | www.ribnitz-damgarten.de

Übernachten

Hotel Wilhelmshof
Kleines Wellnesshotel (2007), stilvolle Zimmer in 300 Jahre altem Speicher, ayurvedische Küche, schönes Hofcafé.
Lange Str. 22 | Tel (0 38 21) 22 09 | €€ | www.hotel-wilhelmshof.de

Perle am Bodden
Stadthotel in der Nähe zum Stadtzentrum und Hafen, komfortabel

eingerichtete Zimmer, einige mit Seeblick.
Fritz-Reuter-Straße 14–15 | Tel (0 38 21) 21 48 | €€ | www.perle-a-b.de

Landhotel zum Honigdieb
Familienfreundliches, neues Hotel (2008) in einer Berufsimkerei, mit Sauna, Hofladen, Kerzenscheune, Hofcafé, täglich Führungen zu den Bienen, schöne helle Zimmer.
OT Klockenhagen | Bäderstraße 6a | Tel (0 38 21) 70 67 37 | €€ | www.zum-honigdieb.de

Jugendherberge

JH Ribnitz-Damgarten
In der Nähe des Bahnhofes, 8 km zur Ostsee, im Haus Proben- und Musikzimmer, Tischtennis, Grillplatz.
Am Wasserwerk | Tel (0 38 21) 81 23 11 | € | www.djh-mv.de

Essen & Trinken

Café Delwall
Traditionsreiches und ältestes Kaffeehaus (1907) der Stadt.
Lange Straße 34 | Tel (0 38 21) 25 47 | Mo–Fr 9–17.30, So 14–17 Uhr, Sa Ruhetag

Hafenschänke
Gediegenes Fischrestaurant, mit Blick auf Hafen und Bodden.
Am See 1a | Tel (0 38 21) 89 48 30 | täglich 11.30–24 Uhr, Nov.–Apr. Mo Ruhetag | www.hafenschenke.de

Meeresbüfett
Maritime Gaststätte mit Blick auf den Bodden, fangfrischer Fisch, Verkauf von frischem und geräuchertem Fisch an der „Meerestheke".
Am See 40 | Tel (0 38 21) 30 07 18 | täglich 11.30–20 Uhr | www.fischhafen.de

Fähre von Ribnitz zum Fischland

tipp

via tipp

Schaumanufaktur Ostseeschmuck

Bei dem großen Schmuckhersteller kann man zuschauen, wie Bernstein gesägt und poliert wird und mit der Verarbeitung von Silber und Gold schöne Gegenstände entstehen. Unter fachkundiger Anleitung und mit dem nötigen Geschick dürfen große und kleine Bernsteinliebhaber sich ein eigenes Schmuckstück herstellen. Mit Verkaufsgalerie.

Schaumanufaktur Ostseeschmuck | OT Damgarten | An der Mühle 30 (an der B 105) | Tel (0 38 21) 8 85 80 | Mo–Fr 9.30–18 und Sa 9.30–16 Uhr | www.ostseeschmuck.de

Nachtleben

Sportpalast

Club mit integriertem Pub.

Damgartener Chaussee 42 | Tel (0 38 21) 81 07 21 | www.sport-p.de

Wellness

Boddentherme

Sport- und Erlebnisbad mit Wellenbecken, Sprungturm, Wasserrutsche, Saunen, Massage.

Körkwitzer Weg 15 | Tel (0 38 21) 3 90 99 61 | Mo (nur Sauna), Di, Mi 14–22 Uhr, Do–So, Fei 10–22 Uhr, zur Ferienzeit täglich 10–22 Uhr | www.bodden-therme.de

Aktivitäten

Zweirad Lange

Verleih und Reparatur.

Lange Straße 78 | Tel (0 38 21) 27 09

Bootsverleih Schneider

Motorboote, Ruderboote, Kanus, Tretboote (auch Autohändler).

OT Damgarten | Schillstraße 33 | Tel (0 38 21) 72 17 17

Golfplatz „Zum Fischland"

Ca. 2 km südlich vom Stadtzentrum, Driving-Range und 9-Loch-Platz.

OT Neuhof | Pappelallee 23a | Tel (0 38 21) 89 46 1 | täglich ab 10 Uhr (Hauptsaison) | www.golf-fischland.de

Bootsfahrten

MS Boddenkieker

Über Dierhagen nach Wustrow.

Mitte Mai–Mitte Sept. 9.45, 13.15, 15.45, Mitte Apr.–Mitte Mai und Mitte Sept.–Mitte Okt. täglich 10 und 14.30 Uhr (Fahrradtransport) | Reederei Kruse und Voß | Tel (03 82 20) 5 88 | www.boddenschiff-fahrt.de

Bioladen

Kerstins Bioladen

Selbstgebackener Kuchen, Sanddornprodukte.

Am Markt 12 | Tel (0 38 21) 70 77 50 | Mo–Fr 9–18, Sa 9–12 Uhr

Besondere Läden

Wossidlo-Buchhandlung

Gut sortierte Buchhandlung in zentraler Lage, Publikationen des ortsansässigen Scheunen-Verlags im Angebot.

Lange Straße 24 | Tel (0 38 21) 8 86 20

Freilichtmuseum Klockenhagen

Kultur

Scheune

Kulturscheune in abgelegenem Bauerngehöft, 6 km entfernt, Kleinkunstbühne, Lesungen und Lieder-, Jazz, Folkabende.

Kückenshagen | Kolonie 4 | Tel (03 82 33) 5 93 08 | www.scheunenverlag.de

Freilichtmuseum Klockenhagen

(Karte ▸ Seite 141)

Etwa vier Kilometer von Ribnitz-Damgarten entfernt liegt das Freilichtmuseum Klockenhagen. Auf dem „Denkmalhof" sind reetgedeckte Bauernkaten, Scheunen, eine Fachwerkkirche, ein Ziehbrunnen sowie eine Bockwindmühle zu sehen. Das älteste Haus ist von 1671. Hier werden traditionelle Haustierrassen gehalten und alte Handwerkskunst vorgeführt. Ein Museumsbauer bestellt die Felder mit Pferden. In einer Schusterei findet sich alles, was man früher zur Herstellung von Schuhen brauchte. Ein Genuss sind die sommerlichen Backtage, wenn sonnabends frisches Brot wie zu Großmutters Zeiten gebacken wird. Deftige Hausmannskost gibt es in der rustikalen Gaststätte „Up dei Däl". Auf der Verkaufsfläche des originalgetreuen Dorfladens gibt es Töpferwaren, Bücher und vieles mehr.

OT Klockenhagen | Mecklenburgerstraße 57 | Tel (0 38 21) 27 75 | Apr.–Okt. täglich 9–17 Uhr | Dorfladen Mi–So 10–17 Uhr | www.freilichtmuseum-klockenhagen.de

Anreise: Buslinie 202 in Richtung Graal-Müritz bzw. Hohe Düne

Touren

Tour 1: Fischlandtour

▶ TOURDATEN

Charakteristik: leichte Wanderung oberhalb der Steilküste und am Bodden entlang

Strecke: Ahrenshoop – Hohes Ufer – Bakelberg – Wustrow – Barnstorf – Niehagen – Althagen – Ahrenshoop

Entfernung: ca. 13 km

Dauer: etwa 3-4 Stunden

Unsere abwechslungsreiche Tour beginnt am Ende des Grenzwegs (Café Buhne 12 siehe viatipp ▸ Seite 58) in Ahrenshoop. Von hier schlängelt sich ein von Sanddorn und Wildrosen gesäumter Weg entlang des **Hohen Ufers** auf den Kliffs bis nach Wustrow (Vorsicht: Abbruchgefahr!). Diese imposante Erhebung aus Mergel und Sand ist ein „aktives Kliff". Der Weg ist daher nicht ganz ungefährlich, dafür umso beliebter. Im Hochsommer kann es manchmal eng werden.

Bald stoßen wir auf einen kleinen Wanderweg, der etwas landeinwärts zum größten Berg der Halbinsel führt: dem **Bakelberg.** Das Besteigen ist allerdings ohne alpinistische Ausrüstung möglich, erhebt er sich doch nur 18 Meter über den Meeresspiegel. Wie es sich für einen Gipfel gehört, ist er mit Gipfelkreuz und Ruhebank ausgestattet. Von hier aus bietet sich jedenfalls ein herrlicher Panoramablick: Westlich liegt das Meer, in östlicher Richtung blickt man auf den Bodden.

Weiter geht es an der Steilküste. Metertief fällt das lehmige und dadurch gelb leuchtende Steilufer unvermittelt zu einem schmalen und steinigen Strand hin ab. Die unzähligen kleinen Löcher in der Steiluferwand sind Brutröhren von Uferschwalben, die gesellig in Kolonien brüten. Früher war an diesem Küstenabschnitt die NVA vertreten. Diverse Bunker dienten der Seeüberwachung. Einer ist bereits auf den Strand gefallen, ein anderer schon vom Wasser umspült. Trotz der Steindämme und Bohlen fordert das Meer hier jedes Jahr zehn Meter vom Land.

Nachdem wir die **Seebrücke in Wustrow** erreicht haben, führt uns unser Weg über die Strandstraße durch den ehemaligen Seefahrerort zum **Boddenhafen** und weiter zum Ortsteil **Barnstorf** (Spaziergang durch Wustrow ▸ Seite 44). Von hier folgen wir dem Boddenwanderweg, der nahe am Wasser entlang bis nach Ahrenshoop führt. Nur wenige Wanderer führt es in diesen Winkel der Halbinsel. Bald erreichen wir die ersten Häuser der Ortschaft **Niehagen,** die schon wieder zu Ahrenshoop gehört. Da unser Wanderweg hier nicht direkt am Wasser weiterführt, weichen wir über die Bauernreihe auf die Hauptstraße aus, folgen dem straßenbegleitenden Radweg, um kurz darauf am Boddenweg wieder zum Wasser hin abzuzweigen.

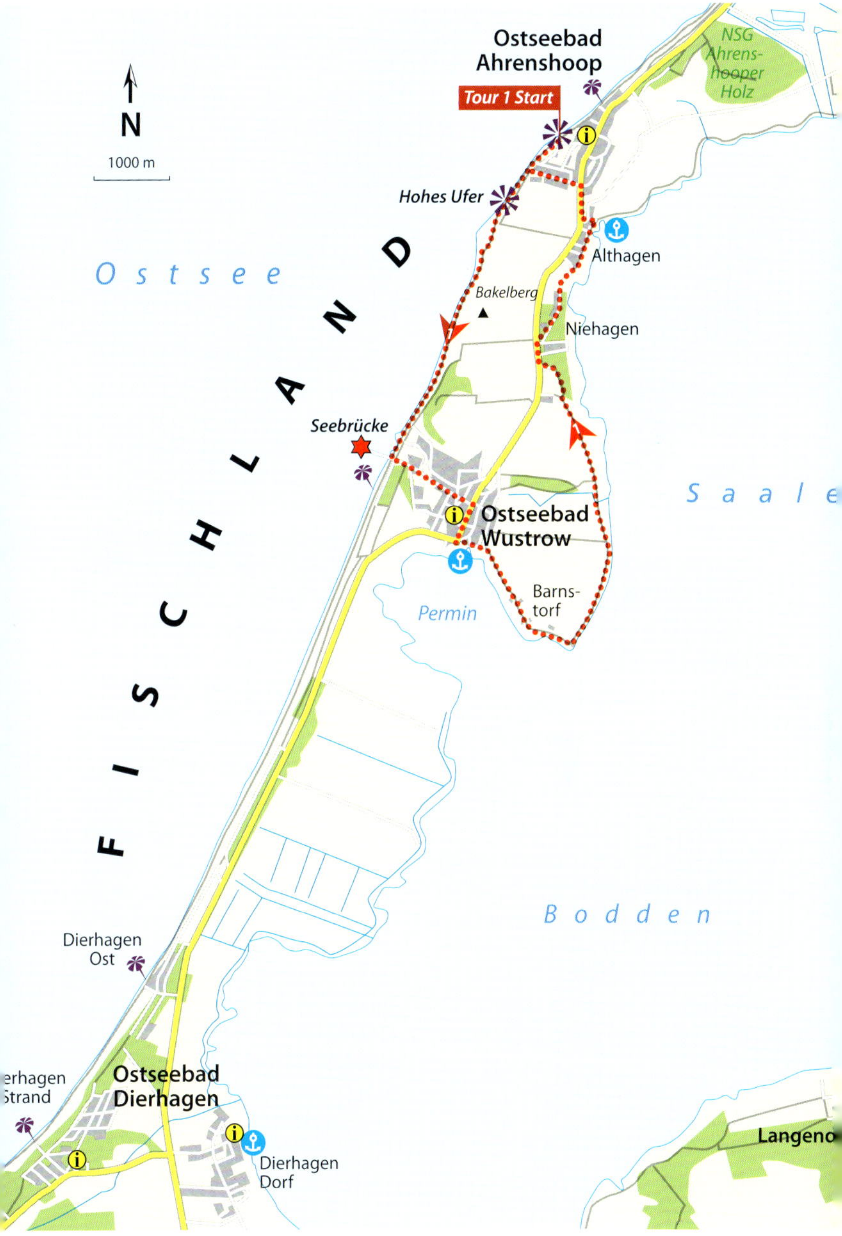
Ostseebad
Ahrenshoop
Tour 1 Start
NSG
Ahrens-
hooper
Holz
N
1000 m
Hohes Ufer
Althagen
Ostsee
Bakelberg
Niehagen
FISCHLAND
Seebrücke
Saale
Ostseebad
Wustrow
Barns-
torf
Permin
Bodden
Dierhagen
Ost
Ostseebad
Dierhagen
Dierhagen
Dorf
Langeno

Nun geht es wieder nur am Bodden entlang, der sich hinter einem dicken Schilfgürtel versteckt, vorbei an malerischen Reetdachhäusern bis zum **Althäger Hafen.** Vom Hafen erreichen wir auf der Hauptstraße nach 300 m den „Weg zum Hohen Ufer", der rechts wieder zum Grenzweg führt. Hier ist das Fischland zu Ende, Trennlinie ist der Grenzweg, erkennbar an Holzpfählen.

Tour 2: Radrundtour von Darßdorf zu Darßdorf

▶ TOURDATEN

Karte: ▸ Seite 128/129

Charakteristik: leichte Radtour durch den Darßwald und am Bodden entlang

Strecke: Prerow/Ortsmitte – Wieck – Born – Prerow/Hafen

Entfernung: ca. 23 km

Dauer: etwa 3 Stunden

Einkehrtipp: Café TonArt in Born (▸ Seite 68) oder Café Fernblau in Wieck (▸ Seite 75)

Diese Tour ist landschaftlich besonders abwechslungsreich. Die Strecke führt durch den Darßwald und an Boddendörfern mit ihren schönen Bauern- und Fischerkaten vorbei, sowie direkt am Bodstetter Bodden entlang und durch weite Wiesenlandschaften.

Ausgangspunkt unseres Ausflugs ist die zentrale Kreuzung Waldstraße/Buchenstraße in der Ortsmitte **Prerows.** Von hier folgen wir der Buchenstraße in westlicher Richtung, um in den **Darßwald** zu gelangen. Auf dem Mittelweg (als Verlängerung der Buchenstraße) fahren wir bis zur Waldkreuzung am „k-Gestell". Hier biegen wir nun links ab und radeln zwischen Moor- und Sumpfgebiet schnurgerade vorbei am **Raesfeld-Denkmal** und dem **ehemaligen Meeresufer**, teilweise auf Platten, bis zur Kreuzung „Großer Stern". Hier biegen wir in den schmalen „Linder Weg" Richtung Born ein (rechts neben dem Reitweg). Kurvenreich schlängelt er sich durch dicht bewachsenes Waldgebiet, teilweise mit Wacholderbäumen bewachsen. Kurz vor dem Waldrand folgen wir dem Wegweiser, der Born in 700 m (geradeaus) ankündigt. Die **Bäderstraße** überquerend fahren wir aus dem Wald und auf die ca. 200 m entfernte Kurverwaltung von **Born** zu. Kurz darauf stoßen wir auf die Chausseestraße. Hier biegen wir nach links ab, um dem Boddendorf einen Besuch abzustatten. Empfehlenswert ist ein Spaziergang (Dorfspaziergang ▸ Seite 64) durch die verwinkelten Straßen, bei dem wir zahlreiche bunte Fischerkaten entdecken können.

Anschließend verlassen wir Born über die Chausseestraße der Beschilderung „Prerow–Wieck" folgend. Kurz vor dem Ortsende biegen wir rechts in den Bliesenrader Weg. Auf einem Sandweg radeln wir 1,5 km an einem Bächlein entlang, dann erfolgt die Auffahrt rechts haltend auf eine Betonstraße. Nach 300 m biegen wir links in Richtung Wieck zum Bodden ab. Über 2 km auf der Deichkrone folgt die Strecke nicht nur einem sehr gut befestigten Radweg, sondern auch einem der schönsten Streckenabschnitte entlang des Schilfgürtels mit Blick über den **Bodstedter Bodden,** auf dem mit etwas Glück sowohl Zees- als auch andere Segelboote zu sehen sind. In **Wieck** angekommen ist ein Besuch der Nationalparkausstellung in der Darßer Arche im Ortszentrum (▸ Seite 73) empfehlenswert. Anschließend gelangen wir über die Wege **Müggenberg** und Bauernreihe zum **Wiecker Hafen** und verlassen Wieck über die Wege Südkaten und Jagdhaus. Der Wegweiser zeigt noch 5,3 km nach Prerow an. Außerhalb von Wieck verläuft der Teerweg durch Wiesen und Weiden und mündet auf den letzten 2,5 km in einen mit Betonplatten befestigten Weg, der uns am Ende zwischen zwei Gehöften hindurch und an einem Parkplatz vorbei rechts abbiegend direkt zum Hafen Prerow führt.

In Born haben viele Häuser bemalte Haustüren, hier die Büdnerkate von 1867

Tour 3: Rundwanderung zum Leuchtturm Darßer Ort

▶ TOURDATEN

Karte: Seite 128/129

Charakteristik: leichte Wanderung durch den Darßwald und an der Küste entlang

Strecke: Prerow – Darßer Ort – Ottosee – Prerow

Entfernung: ca. 12 km

Dauer: etwa 4 Stunden

Einkehrtipp: Museumscafé des Natureums (Kasten ▶ Seite 80)

Tipp: Kutschfahrt von Prerow

Unbedingt zu empfehlen ist eine Wanderung zum **Leuchtturm Darßer Ort,** der außer zu Fuß nur per Rad oder Pferdekutsche zu erreichen ist. Unser Ausgangspunkt ist das Darßmuseum in Prerow in der Waldstraße. Weiter westlich auf der Waldstraße gelangen wir nach rechts in den Bernsteinweg. An der Kreuzung Bernsteinweg/Villenstraße beginnt linker Hand der Waldweg zum Leuchtturm (blaue Leuchtturmmarkierung). Der Weg führt uns durch sandigen Kiefernwald direkt zum Leuchtturm. Vorbei geht es an sumpfigen Riegen, in denen Feuchtigkeit liebende Erlen stehen, und an mit Buchen bewachsenen Reffen. Beide, Reffe wie Riegen, sind Ergebnis eines Jahrhunderte währenden Naturprozesses, den es nur hier gibt (▶ Seite 62). In den Nebengebäuden des Leuchtturmes ist das **Natureum** untergebracht, das anschaulich über den Landbildungsprozess, die Tier- und Pflanzenwelt informiert (▶ Seite 80). Vom Ausguck des über 35 m hohen Leuchtturms sieht man weit aufs Meer, und kann die Landbildung von oben anhand der Dünenwälle und Vegetation gut nachvollziehen.

Nach dem Besuch gehen wir an den Weststrand und folgen in Richtung Norden dem ausgeschilderten Rund-Lehrpfad, der uns in die Kernzone des Nationalparks und das Anlandungsgebiet vom Darßer Ort führt. An einer Absperrung werden wir nach rechts über die Vordüne auf einen Bohlenweg geleitet. Die Bohlen dienen dem Schutz der Vegetation und wir dürfen ihn nicht verlassen.

Auf den vier Kilometern des nun folgenden Weges lässt sich der Prozess der Neulandbildung Schritt für Schritt beobachten und man kann förmlich zuschauen, wie das Land immer weiter ins Meer hinaus wächst. Ein Beobachtungsturm bietet einen Blick über die Landschaft und die Möglichkeit zur Vogelbeobachtung. Besonders faszinierend ist die Aussicht über die neuen Sandbänke und Lagunen, beeindruckend die Vorstellung, dass auch unser Standort noch vor 160 Jahren Meer war.

Danach führt der Weg durch Heide

Der Leuchtturm am Darßer Ort ist 35 Meter hoch

und Moorland. An einer Brücke folgen wir der Abzweigung zum Nothafen/ Ottosee (ansonsten würden wir wieder zum Leuchtturm kommen). Der **Ottosee** ist ein durch Anlandung entstandener Strandsee, der von der NVA in den 60er-Jahren als Militärhafen eingerichtet wurde. Seine jetzige Nutzung als Nothafen ist nicht nur vielen Naturschützern ein Dorn im Auge, zumal er regelmäßig mit viel Aufwand frei gebaggert werden muss. Nachdem wir vom Wikingerturm, einer Aussichtsplattform, die Aussicht genossen haben, führt uns unser Weg in Richtung Nordstrand. Die nächsten 3 km folgen wir dem Strandwanderweg, vorbei am Regenbogen-Camp, bis wir beim ersten großen Strandaufgang nach rechts in den Bernsteinweg und wenig später nach links in die Waldstraße einbiegen.

Darßer Ort
Libbertsee
Fukar
Natureum
Leuchtturm
Ottosee
Weststrand
NEUDARSS
Mittelweg
DARSS
Esper Ort
k.-Gestell
Ostsee
Langseer Weg
Raesfeld-Denkmal
Müllerweg
Ehemaliges Meeresufer
Großer Stern
VORDARSS
Linder Weg
ALTDAR
Tour 4 Start
Drei Eichen
Nationa verwalt
NSG Ahrens-hooper Holz
Fischerkirche
Born
Ostseebad Ahrenshoop

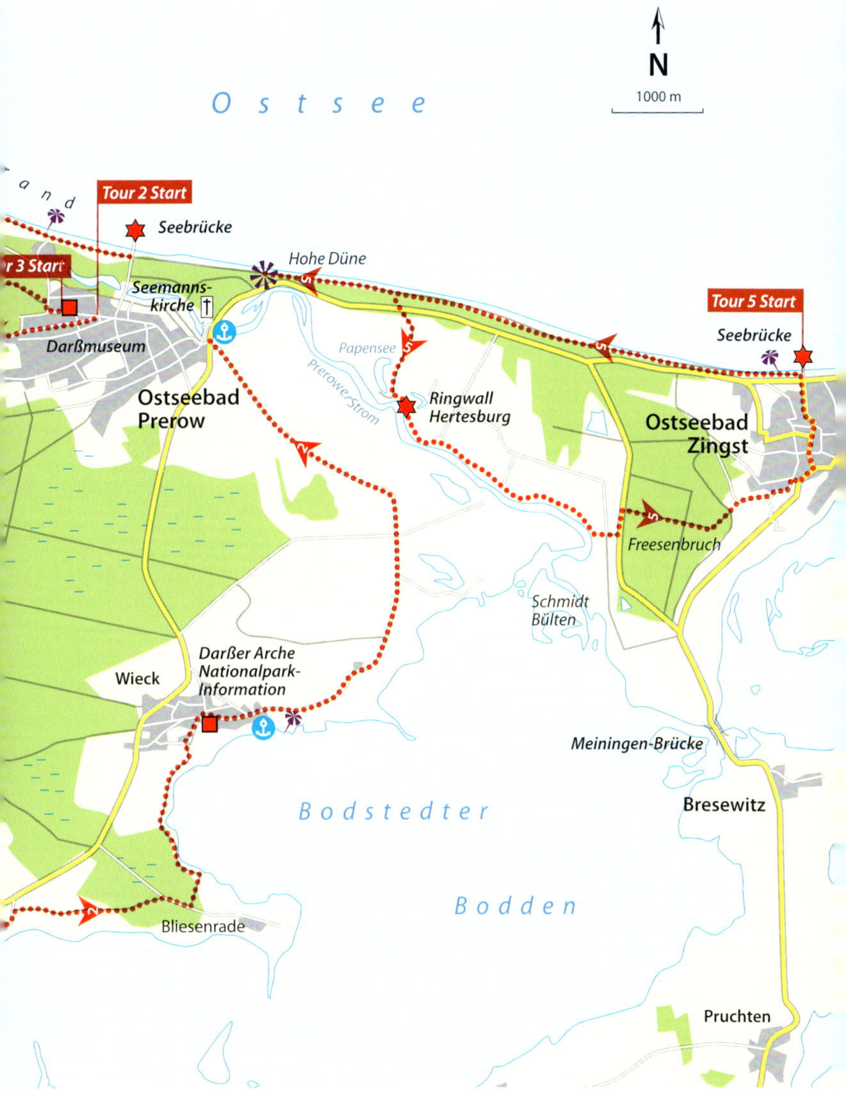
N
1000 m
Ostsee
Tour 2 Start
r 3 Start
Seebrücke
Hohe Düne
Seemanns-
kirche
Darßmuseum
Ostseebad
Prerow
Papensee
Prerower Strom
Ringwall
Hertesburg
Tour 5 Start
Seebrücke
Ostseebad
Zingst
Freesenbruch
Schmidt
Bülten
Darßer Arche
Nationalpark-
Information
Wieck
Meiningen-Brücke
Bresewitz
Bodstedter
Bodden
Bliesenrade
Pruchten

Tour 4: Wanderung zum Darßer Weststrand

▶ TOURDATEN

Karte: ▸ Seite 128/129

Charakteristik: Leichte Wanderung / Badetour

Strecke: Parkplatz Drei Eichen – Weststrand – Parkplatz Drei Eichen

Entfernungen: mindestens 5 km, bis Esper Ort 12 km (hin und zurück)

Tipp: Proviant mitnehmen

Verschiedene markierte Wanderwege führen quer durch den **Darßwald** zum **Weststrand.** Je nach Kondition kann zwischen kürzeren und längeren Varianten gewählt werden. Auf dem Weg sollte man unbedingt Proviant einstecken, denn in dieser Naturidylle gibt es weit und breit keine gastronomische Einrichtung.

Eine schöne Route beginnt beispielsweise am **Parkplatz Drei Eichen.** Von hier nehmen wir zunächst den Alten Mecklenburger Weg durch den Wald in Richtung Norden, um bald darauf der Ausschilderung gen Weststrand nach Westen zu folgen und den Strand zu erreichen. Am Strand entlang geht es nun nach Norden in Richtung Darßer Ort. Wo der Wald bis an den Strand stößt, zeigen uns umgestürzte Bäume, wie weit die Ostsee bei schweren Stürmen landeinwärts vordringt. Auf die herrschende Windrichtung wiederum weist die Wuchsform der Bäume an der Küste hin. Da der Wind meist aus Westen kommt, sind die Kronen der so genannten Windflüchter nach Osten geneigt.

Esper Ort am Ende des Langseer Weges ist der markanteste Punkt am Weststrand. Hier ist der Strand sehr breit und wir finden besonders beeindruckende Exemplare der Windflüchter. Nördlich von Esper Ort tritt vor **Darßer Ort** das Hochufer zurück und das Anlandungsgebiet beginnt. Seichte Binnenseen liegen zwischen Strand, Dünen und Wald. Der Teerbrennersee ist der größte von ihnen.

Wie lange man seine Strandwanderung ausdehnen will, hängt ganz von der eigenen Ausdauer ab. Man sollte immer den Rückweg im Kopf haben, der entweder am Strand entlang oder durch den Darßwald genommen werden muss. Immer wieder zweigen landeinwärts Wege ab, die nach einem ca. 10-minütigen Fußweg auf das k-Gestell stoßen. Biegt man hier rechts ab, gelangt man über die Wegkreuzung **Großer Stern** zurück zum Parkplatz Drei Eichen.

Abendstimmung am Darßer Weststrand

Tour 5: Wanderung von Zingst zur Hohen Düne und zur Hertesburg

▶ TOURDATEN

Karte: ▸ Seite 128/129

Charakteristik: leichte Wanderung auf dem Deichweg und am Prerowstrom entlang

Strecke: Zingst/Seebrücke – Hohe Düne – Hertesburg – Zingst/Seebrücke

Entfernung: 16 km

Dauer: etwa 4 Stunden

Wir beginnen unsere Wanderung an der Seebrücke in Zingst und laufen an der Seeseite des Deiches auf einem kleinen Pfad in Richtung Prerow. Die nächsten Kilometer gestalten sich etwas eintönig, da es immer geradeaus geht. Es empfiehlt sich daher, zur Abwechslung einen Teil der Strecke auch direkt am Meer entlangzuwandern. Nach 6 km ist die **Hohe Düne** am Ortseingang Prerows erreicht. Der etwa 14 m hohe markante Aussichtspunkt bietet einen weiten Blick über die Prerower Bucht und den nahen Prerowstrom. Im Westen ist die Landspitze von Darßer Ort zu erkennen. Als nächstes gehen wir wieder ein kleines Stück auf dem Deich bis zum Strandübergang 21 zurück. Wir verlassen den Deich, queren die meist stark befahrene Straße und setzen unseren Weg hinter dem Parkplatz fort (Ausschilderung Hertesburg). Nach einem knappen Kilometer erreichen wir den baumbestandenen Rest der **Hertesburg.** Die ehemalige Slawenburg war im 13. und 14. Jahrhundert Residenz der Rügen-Fürsten. Später wurde sie ein beliebtes Versteck von Seeräubern, denn der Prerowstrom hatte damals noch einen Zugang zur Ostsee. Erhalten geblieben sind Burgwall und Burggraben und eine kleine Holzkapelle.

Ein kleiner Wegweiser zeigt uns den vom Gelände abzweigenden schmalen Wiesenweg, der uns sehr dicht am Prerowstrom entlang nach Zingst leitet. Im Uferschilf, auf dem Strom und in den Moorwiesen am Bodden können wir Kormorane, Reiher und Schwäne beobachten. Im Bodden ist die vorgelagerte Insel Schmidtbülten zu sehen. Nach etwa 2,5 km biegen wir links in den Fischersteig, der uns durch den Freesenbruch führt. Der **Freesenbruch** ist ein auf Moorgebiet gewachsener Bruchwald. Mit seinen rund 2000 Jahren gehört der Forst zu den ältesten Waldgebieten des Zingst.

Über Freesenweg, Waldstraße, Neue Reihe, Bahnhofstraße und Strandstraße gelangen wir zum Ausgangspunkt unserer Tour.

Seebrücke in Zingst

Tour 6: Radtour durch die Sundische Wiese nach Pramort

▶ TOURDATEN

Charakteristik: leichte Radtour, teils durch Wald, teils durch weite Wiesen und Weidelandschaft

Strecke: Zingst/Seebrücke – Sundische Wiese – Pramort/Hohe Düne – Sundische Wiese – Müggenburg – Zingst/Hafen

Entfernung: 30 km

Fahrdauer: 3 Stunden

Einkehrtipps: Restaurant und Biergarten (nur bis 17 Uhr) im Hotel Schlösschen Sundische Wiese (▸ Seite 92)

Achtung: Zum Schutz des Kranich-Rastplatzes Sept./Okt. nur eingeschränkte Besucherzahl auf den Beobachtungsplattformen am Pramort möglich (Kranichbeobachtung ▸ Seite 137)

Tipp: Fernglas nicht vergessen! (Kann auch in der Kurverwaltung geliehen werden.)

Wir beginnen unsere Tour an der Seebrücke im Ostseebad Zingst und fahren auf dem Deich in Richtung Osten. Rund 800 m hinter Zingsthof biegen wir rechter Hand in die Müggenburger Schneise ab – gut zu erkennen an der Wegmarkierung mit einer Möwe auf blauem Grund. Gleich bei der nächsten Kreuzung schwenken wir nach links in den Kavaliersweg, der uns durch den Osterwald zur Wegkreuzung „Dreiländereck" führt. Noch heute markiert hier ein Grenzstein aus dem Mittelalter den Punkt, an dem die Besitzungen der Städte Barth und Stralsund sowie des Amtes Barth aufeinander stießen. Vom Dreiländereck halten wir uns – ständig im Wald – halb links und erreichen nach 1,5 km auf einem kerzengerade verlaufenden, schmalen Betonweg den Parkplatz **Sundische Wiese.**

Im dortigen Hotel-Restaurant können wir eine Rast einlegen. Etwa 200 m hinter dem Parkplatz stoßen wir auf das Informationszentrum Sundische Wiese (▸ Seite 91), dessen Ausstellung ausführliche Informationen über diesen Teil des Nationalparks liefert. Nach dem Besuch geht es weiter auf einer schnurgeraden, 8 km langen Betonstraße durch die Sundische Wiese nach Pramort und zur Hohen Düne. Der Weg gestaltet sich über eine längere Strecke etwas monoton: Rechts dehnt sich eine flache Wiesenlandschaft aus. Links liegt ein zwischen 1937 und 1992 militärisch genutztes Gelände, das lange mit Kampfmittelreserven belastet war.

Endpunkt der endlos erscheinenden Betonpiste ist **Pramort.** Hier

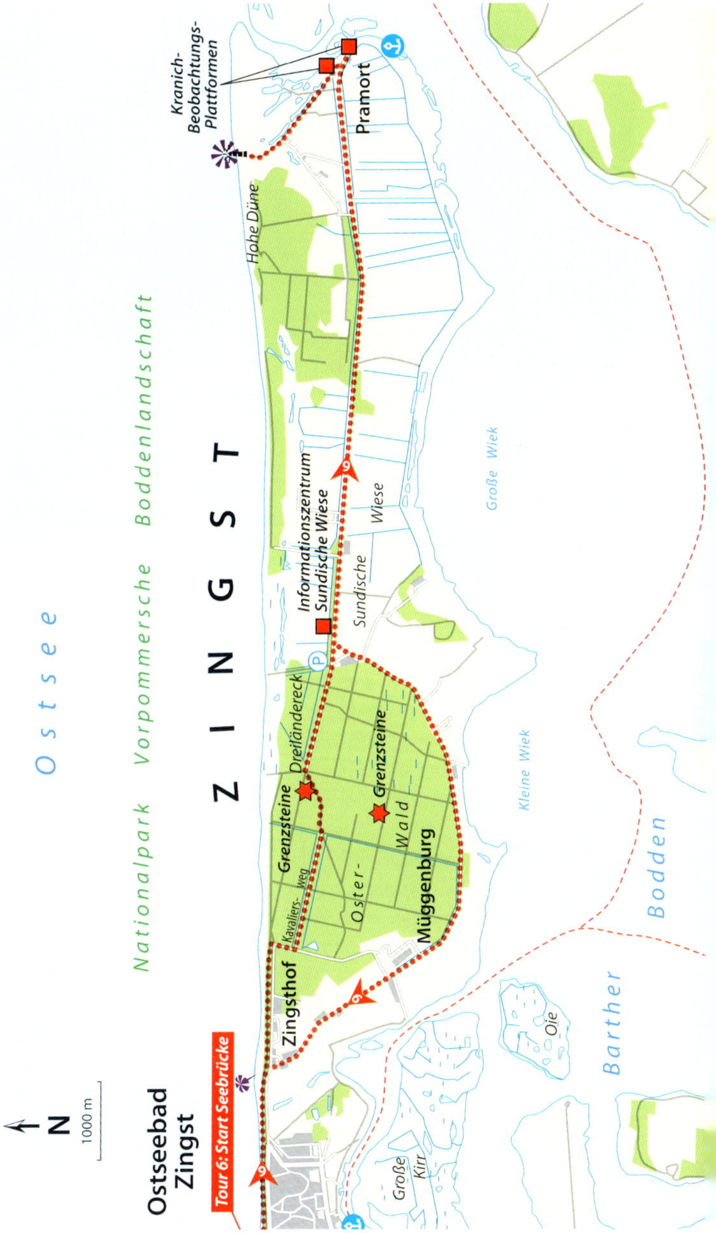
Ostsee
Nationalpark Vorpommersche Boddenlandschaft
ZINGST
N
1000 m
Ostseebad Zingst
Tour 6: Start Seebrücke
Zingsthof
Kavaliers-weg
Grenzsteine
Dreiländereck
Oster-Wald
Müggenburg
Grenzsteine
Informationszentrum Sundische Wiese
Sundische Wiese
Hohe Düne
Kranich-Beobachtungs-Plattformen
Pramort
Große Wiek
Kleine Wiek
Barther Bodden
Oie
Große Kirr

Vogel des Glücks: Kranich

stellen wir unsere Räder ab und gehen zu Fuß weiter. Von der erhöhten Aussichtshütte bietet sich ein wundervoller Ausblick auf die sanfte Boddenlandschaft und die vorgelagerten Inseln. Sehr weit östlich kann man bei guter Fernsicht Hiddensee entdecken. Das seichte Wassergebiet ist einer der bedeutendsten **Kranich-Rastplätze** Europas. Im Frühjahr und Herbst kann man ein einzigartiges Naturschauspiel beobachten (▸ Seite 137).

Auf einem schmalen Deichweg geht es nun noch 1,5 km in nördlicher Richtung bis zur Hohen Düne. Mit ihrem 12 m hohen und über 2 km langen Weißdünenmassiv zählt sie zur mächtigsten waldfreien Düne Deutschlands. Zwei weitere Beobachtungsplattformen finden wir hier vor, die wegen ihrer tollen Aussicht beide besucht werden sollten.

Von hier treten wir den Rückweg an, schnappen unsere Räder am Pramort und folgen dann der gleichen Route bis zum Parkplatz Sundische Wiese. Von dort führt unsere Route über die nur wenig befahrene Landstraße, die am Rand des Osterwalds nach Südwesten verläuft. Zwischen einigen ländlichen Anwesen können wir über Kopfsteinpflaster links auf dem Deich bis zum Wiekufer des Boddens fahren und den reizvollen Ausblick auf Vogelinseln und über den Bodden nach Barth von hier erleben. Unser Weg führt uns weiter auf der Landstraße an Müggenburg vorbei zum Deich, auf dem wir schließlich wieder zur Seebrücke gelangen.

★ Kranichbeobachtung

Zweimal im Jahr spielt sich in der Boddenregion das einzigartige Schauspiel ab: Bis zu 45 000 Kraniche machen hier im Frühjahr (zwischen Mitte Februar und Mitte März) und Herbst (September/Oktober) auf ihrem Flug zu den Brutstätten oder in die Winterquartiere Station. Die Kraniche bleiben auf ihrer Reise in wärmere Gefilde oft wochenlang, der Frühlingszug verläuft meist ohne längeren Aufenthalt. Durch den Frühjahrszug haben die Kraniche den Beinamen „Vogel des Glücks" erhalten. Diese Bezeichnung stammt aus Schweden und basiert darauf, dass mit dem Kranich Wärme, Licht und Nahrungsfülle zurückkommen.

Tagsüber kann man die Tiere auf den boddennahen Wiesen und Feldern beobachten. Doch Vorsicht: Ihre Fluchtdistanz liegt schon bei weit über 300 Metern! Wenn mehrere Tiere einer Gruppe gleichzeitig die Köpfe heben, ist dies ein sicheres Zeichen dafür, dass die Vögel sich gestört fühlen. Panik und Flucht verbrauchen unnötig Energie. Diese brauchen die Tiere aber, um die nächste Etappe von ihren 4000 bis 12 000 Kilometer langen Flugrouten durchzuhalten. Ein besonderes Spektakel ereignet sich zur Dämmerung, wenn zehntausende Kraniche von ihren Fressplätzen auf dem Festland mit schrillen Trompetenschreien zu ihren Schlafplätzen auf dem Wasser fliegen.

Gute Orte zur Beobachtung des abendlichen Einflugs der Vögel sind die Beobachtungsplattformen am Pramort/Ostzingst. Sie wurden von der Nationalparkverwaltung eingerichtet, um eine Störung der Tiere zu verhindern und die nötige Distanz zu garantieren. Sie sollten den Beobachtungsort schon vor dem Kranicheinflug aufsuchen und erst, nachdem alle Kraniche an ihren Schlafplätzen eingetroffen sind, wieder verlassen.

Hinweis: Die Plattformen befinden sich ca. 8 Kilometer vom Eingang zur Sundischen Wiese entfernt (Radtour ▸ Seite 134). Die Zahl der Besucher ist zu dieser Zeit eingeschränkt (max. 80 Personen, daher besser vorbestellen) und kostenpflichtig. Karten sind ab 15 Uhr bei der Informationseinrichtung Zingst/Sundische Wiese erhältlich, Informationen unter Tel (03 82 34) 50 20. Fernglas nicht vergessen! Ferngläser können auch im Kranichshop bei der Kurverwaltung geliehen werden. Autoanfahrt ist nur bis zum Parkplatz Sundische Wiese möglich. Von dort zu Fuß oder per Rad (▸ Seite 134). Fahrräder können auch im Hotel Schlösschen Sundische Wiese geliehen werden.

Tour 7: Radtour von Zingst nach Barth

▶ TOURDATEN

Charakteristik: leichte Radtour ausschließlich auf Radwegen getrennt vom Straßenverkehr

Strecke: Zingst/Hafen – Meiningenbrücke – Pruchten – Barth (gleiche Strecke zurück)

Entfernung: 26 km (hin und zurück)

Dauer: etwa 3 Stunden reine Fahrzeit

Tipp: Auf dem Rückweg können Sie auch die Fähre von Barth nach Zingst nehmen (Bootsfahrten ▸ Seite 96).

Achtung: Während der Brückenöffnungszeiten ist die Drehbrücke für 45 Min. nicht passierbar (▸ Seite 26)!

Unsere Tour beginnt am Hafen von Zingst. Von hier aus folgen wir dem Radwanderweg „Südlicher Boddenweg" zunächst auf dem Deich in Richtung Südwesten. Weithin ist die grüne Landschaft am Bodden zu sehen. Der Weg biegt nach einigen Minuten nach rechts ab. Wir folgen ihm, überqueren die Barther Straße, um nach ungefähr 200 Metern wieder nach rechts auf den Radweg nach Barth abzuzweigen. Auf der rechten Seite breitet sich der Freesenbruch (▸ Seite 132) aus und links verläuft die Landstraße. Kurz darauf erreichen wir die 470 m lange **Meiningenbrücke** (▸ Seite 100), die Verbindung zum Festland. Von der Brücke haben wir freien Blick auf den Bodstedter Bodden und den Zugang des Barther Boddens. Die Wegführung ist an dieser Stelle etwas unübersichtlich. Vor der Drehbrücke wechseln wir auf die linke Straßenseite, hinter der Brücke geht es aber wieder rechts weiter. Auf dem asphaltierten Radweg längs der im Jahr 1945 stillgelegten Darßbahn fahren wir weiter nach Süden bis zur Landstraße. Das tief gelegene Gelände wird durch einen Damm auf Stelzen überwunden. Unser Weg führt vorbei am **Galerie-Bahnhof Bresewitz** mit seiner Ausstellung zur Darßbahn und weiter durch die Ortschaft **Pruchten**. Nach wenigen Kilometern erreichen wir die Landstraße, die im Linksbogen über den Barther Ortsteil Tannenheim nach **Barth** führt. Der Kirchturm von Barth und das Dammtor sind nun unverkennbar am Horizont zu sehen. Auf der Barther Straße führt uns unser Weg durch das Dammtor direkt zum Marktplatz von Barth (▸ Seite 98).

Der Rückweg wird auf der gleichen Strecke zurückgelegt.

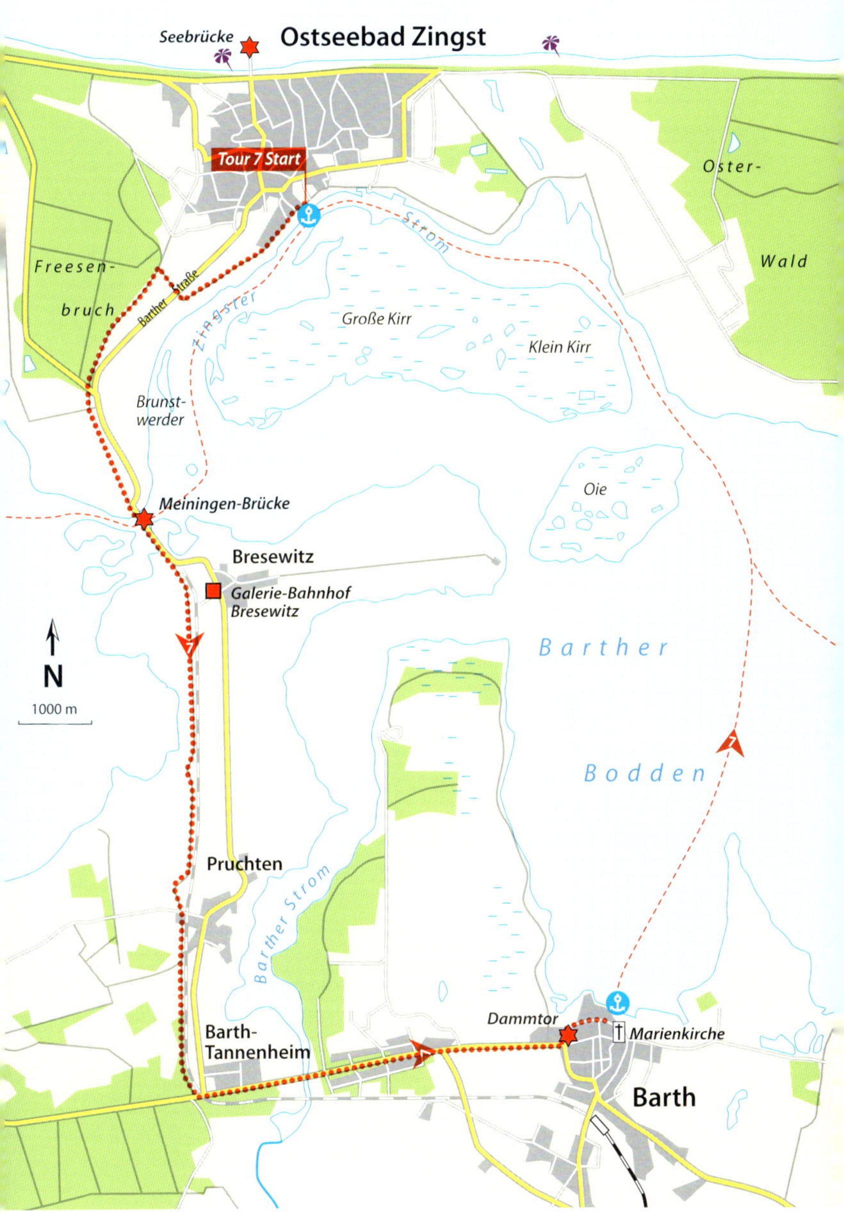
Seebrücke
Ostseebad Zingst
Tour 7 Start
Oster-
Wald
Freesen-
bruch
Barther Straße
Zingster Strom
Große Kirr
Klein Kirr
Brunst-
werder
Oie
Meiningen-Brücke
Bresewitz
Galerie-Bahnhof
Bresewitz
Barther
Bodden
N
1000 m
7
Pruchten
Barther Strom
Barth-
Tannenheim
Dammtor
Marienkirche
Barth

Tour 8: Radtour durch die Rostocker Heide

▶ TOURDATEN

Charakteristik: leichte Rundtour über teils sandige oder Betonwege

Strecke: Graal-Müritz – Klein Müritz – Hirschburg – Klockenhagen – Hirschburg – Jagdschloss Gelbensande – Köhlerhof Wiethagen – Hinrichshagen – Graal-Müritz

Entfernung: ca. 35 km

Dauer: etwa 3 bis 4 Stunden ohne Besichtigungen

Ausgangspunkt für unseren Rundkurs ist der Bahnhof **Graal-Müritz.** Von hier geht es auf dem straßenbegleitenden Radweg entlang der Birkenallee etwa 500 m in nördlicher Richtung und weiter auf der Ribnitzer Straße in östlicher Richtung über Müritz nach **Klein Müritz** (ca. 4 km). Von hier ist ein Abstecher nach Neuheide zur Naturschatzkammer & Paradiesgarten Pilzmuseum und dem Infozentrum Wald & Moor (▶ Seite 112) möglich. Am ersten Haus in Klein Müritz biegen wir rechts in den Wald ein. Der Weg ist weiß-blau-weiß mit dem Zusatz A–Z markiert. An einer beschrankten Waldwegkreuzung, die nur Wanderbeschilderungen aufweist, fahren wir links und gelangen so nach **Neu Hirschburg.** Von hier aus ist über die Straße in 2,5 km das **Freilichtmuseum Klockenhagen** erreichbar (▶ Seite 119). Auf dem Rückweg von Klockenhagen halten wir uns in Neu Hirschburg links. Am Dorfende biegen wir wieder links ab auf einen Betonstreifenweg, den Hirschburger Landweg, der uns nach **Gelbensande** führt. Kurz darauf schimmert bereits das Jagdschloss Gelbensande durch die Bäume. Im Ort biegen wir links in den Lindenweg ein und erreichen so das Jagdschloss (▶ Seite 112). Nach unserer Besichtigung durchqueren wir den alten Ortskern von Gelbensande und radeln in westlicher Richtung in die Rostocker Heide bis zu **Meyers Hausstelle.** Von dort geht es weiter auf einem sandigen Forstweg 3,5 km Richtung **Wiethagen** mit dem rekonstruierten **Köhlerhof** (▶ Seite 111). Nach unserer Besichtigung geht es auf dem weiß-blau-weißen A-Z-Weg über die Bahnlinie zum Dorf Wiethagen. Am ehemaligen Stadtforstamt Rostock auf der Dorfstraße geht es rechts auf der Wiethäger Straße bis zum Waldrand, wo wir nach links in die Wiethäger Schneise einbiegen. Auf dem schmalen Eichenweg kommen wir nach **Hinrichshagen** mit der beliebten Gaststätte Schinkenkrug. Auf deren Rückseite geht es nach rechts Richtung Markgrafenheide. Wir radeln auf dem gut ausgebauten Radweg ca. 1,5 km, bis es nach rechts gut ausgeschildert nach Graal-Müritz geht.

Bodden
Ostsee
Klockenhagen
Freilichtmuseum Klockenhagen
Neuheide
Klein Müritz
Neu Hirschburg
Altheide
105
Willershagen
Blankenhagen
Gelbensande
Jagdschloss Gelbensande
Behnkenhagen
Ostseebad Graal-Müritz
Müritz
Rostocker Heide
Meyers Hausstelle
Köhlerhof
Rövershagen
Seebrücke
Graal
Tour 8 Start
Wiet-hagen
Torfbrücke
Nieder-hagen
Hinrichshagen
Wiedort
NSG
Heiligensee
Hütelmoor
N
1000 m

Ortspläne

Tourenkarten

Die Autorin

Maja Kunze, geboren 1974, lebt als Reisebuchautorin und freie Redakteurin in Berlin. Die studierte Germanistin kennt und liebt die Ostseeküste seit ihrer Kindheit. Für den via reise verlag hat sie auch die Reiseführer *Usedom–Rügen–Darß* und *Ostseeküste Mecklenburg* verfasst. Autorin und Verlag bedanken sich bei allen, die sie mit Tipps unterstützt haben.

Liebe Leserinnen und Leser,

alle Angaben in diesem Reiseführer sind gewissenhaft geprüft. Trotz gründlicher Recherche unserer Autoren/-innen können sich manchmal Fehler einschleichen. Wir bitten um Verständnis, dass der Verlag dafür keine Haftung übernehmen kann.

Über Hinweise, Berichtigungen und Ergänzungsvorschläge freuen wir uns jederzeit:

via reise verlag
Lehderstraße 16–19
13086 Berlin
E-mail: post@viareise.de
www.viareise.de

4., vollständig überarbeitete Auflage 2012

ISBN 978-3-935029-51-3

Text und Recherche
Maja Kunze

Redaktion
Tanja Onken

Layout und Gestaltung
Tanja Onken (via reise verlag)

Kartografie
Tanja Onken (via reise verlag)

Druck
Ruksaldruck, Berlin

MIX
Papier aus verantwortungsvollen Quellen
FSC® C104247
FSC www.fsc.org

Fotos
Maja Kunze, außer:
Amt für Wirtschaft, Tourismus und Forst Ribnitz-Damgarten 23, 103, 113, 117; Kurverwaltung Dierhagen 22, 38, 40; Nicole Menke 78; Klaus Scheddel 106; Stadt Barth 97, 98; Heinz Teufel 14, 90, 133; Tourismusverband Fischland-Darß-Zingst (Jürgen Engler) 4-5, 10-11, 26, 31, 83, 86-87, 120-121, 131, 136

Umschlag vorn
Büdnerkate in Born (Maja Kunze)

Umschlagklappe vorn
Ahrenshoop (Maja Kunze)

Umschlag hinten
Nordstrand bei Prerow (Maja Kunze), Weststrand (Maja Kunze)